Thomas Krapf
Yehezkel Kaufmann

Für Erika und Martin.

Herzlichst,

Euer

Thomas

Uhldingen, den 4.1.91

# Studien zu Kirche und Israel
## (SKI)

Herausgegeben von
Peter von der Osten-Sacken

Band 11

Institut Kirche und Judentum

Thomas Krapf

# Yehezkel Kaufmann

Ein Lebens- und Erkenntnisweg
zur Theologie der Hebräischen Bibel

 Institut Kirche und Judentum Berlin 1990

CIP-Titelaufnahme der Deutschen Bibliothek

**Krapf, Thomas:**
Yehezkel Kaufmann: ein Lebens- und Erkenntnisweg zur Theologie der
hebräischen Bibel/Thomas Krapf. Inst. Kirche u. Judentum Berlin. –
Berlin: Inst. Kirche u. Judentum, 1990

(Studien zu Kirche und Israel; Bd. 11)
ISBN 3-923095-62-7

NE: GT

Die Bände 1–9 der „Studien zu Kirche und Israel" sind unter dem Reihen-
titel „Studien zu jüdischem Volk und christlicher Gemeinde" erschienen.

Umschlagbild:
Einige Zeilen aus dem Zentrum der Passa-Haggada in hebräischer
Schrift:
„In jeder Generation ist ein jeder verpflichtet, sich so anzusehen, als sei
er selbst aus Ägypten gezogen, denn es heißt: ‚Und du sollst erzäh-
len…' (Ex. 13,8)."
(The Haggada, „Sinai" Publishing Tel Aviv, 1960)

Die vier dem Band beigegebenen Abbildungen werden mit freundlicher
Genehmigung der Jüdischen National- und Universitätsbibliothek an der
Hebräischen Universität Jerusalem veröffentlicht.

Institut Kirche und Judentum
Leuchtenburgstraße 39–41, 1000 Berlin 37
Berlin 1990
Alle Rechte vorbehalten
Typoskript des Autors in Zusammenarbeit mit DA'ATZ, Jerusalem
Umschlaggestaltung: Töpfl, Herrenberg
Druck: Heinzelmann, Papier- und Druck-Service GmbH, Metzingen
ISBN 3-923095-62-7

למרתה-שרה

# INHALT

## Yehezkel Kaufmann — Leben und Werk

## Yehezkel Kaufmanns Beitrag zur Geschichte der biblischen Religion

## Anhang: Unveröffentlichte Texte von Jesekiel Kaufmann 115

# VORWORT

Die hier vorgelegte Monographie entstand im Zusammenhang mit einer größeren Arbeit über Yehezkel Kaufmanns Beitrag zum Verständnis der priesterschriftlichen Pentateuchquelle. Unter dem Titel *DIE PRIESTERSCHRIFT UND DIE VOREXILISCHE ZEIT. Yehezkel Kaufmanns vernachlässigter Beitrag zur Geschichte der biblischen Religion* hoffe ich diese Arbeit in nicht allzu ferner Zukunft veröffentlichen zu können. Auch wenn dieser Titel zum gegenwärtigen Zeitpunkt noch nicht publiziert vorliegt, wird im folgenden auf ihn verwiesen, da die Thematik beider Arbeiten sich wiederholt berührt.

Im ersten Teil des genannten Titels wurden unter forschungsgeschichtlichem Gesichtspunkt die geistesgeschichtlichen Voraussetzungen thematisiert, die dazu führten, daß speziell im deutschsprachigen Raum, aber auch andernorts außerhalb Israels, Yehezkel Kaufmanns Beitrag zum historisch-kritischen Verständnis des religionsgeschichtlichen Hintergrundes sowie zum Verständnis der Theologie der Hebräischen Bibel in weiten Fachkreisen nicht rezipiert worden ist. Dabei ging es um historische Prämissen über die Priesterschrift, die letztlich mit substitutionstheologisch motivierten Vorurteilen begründet werden. Unabhängig davon sind für Kaufmanns Werk über die Geschichte der biblischen Religion methodische Besonderheiten charakteristisch, die auf diejenigen, die in der historisch-kritischen Exegese westeuropäischer Tradition geschult sind, befremdend wirken. M.E. sind diese methodischen Eigenheiten jedoch nachvollziehbar — was ja nicht heißt, daß sie ohne Vorbehalte gutgeheißen oder gar übernommen werden müßten —, sofern die forschungsgeschichtlich-biographischen Umstände Kaufmanns berücksichtigt werden. Da Kaufmanns Biographie bisher nur Gegenstand einiger kurzer, im folgenden zitierter Artikel gewesen ist, wird der Diskussion methodischer Aspekte seines Werkes eine detaillierte Biographie vorangestellt. Sie soll zugleich an Kaufmanns Geburtstag erinnern, der sich im gegenwärtigen jüdischen Jahr — תש"ן — zum hundertsten Mal jährt.

Ohne die Möglichkeit, Yehezkel Kaufmanns literarischen Nachlaß auszuwerten, hätte die hier vorgelegte Biographie nicht entstehen können. Ich danke Herrn Professor Menahem Haran, dem Verwalter von Kaufmanns literarischem Nachlaß, sowie dessen Eigentümer, der Manuskript— und Archivabteilung der Israelischen Nationalbibliothek Jerusalem, mir den Nachlaß zur Verfügung gestellt zu haben; ebenso für die freundliche Genehmigung, vier bisher unveröffentlichte, deutsch verfaßte Texte aus der Feder *Jesekiel* Kaufmanns im Anhang dieser Monographie publizieren zu dürfen, sowie für die Erlaubnis, die Photographien von Kaufmann abzudrucken.

Ohne finanzielle Unterstützung wäre es mir nicht möglich gewesen, an der hiesigen Hebräischen Universität Kaufmanns Beitrag zur Geschichte der biblischen Religion zu erforschen. Dafür danke ich der Abteilung Kultur— und Bildung des Israelischen Außenministeriums, dem kanadischen Lady Davis Fellowship Trust sowie der Heidelberger Hermann Maas-Stiftung, die mich während mehrerer Jahre großzügig mit Stipendien unterstützt haben. So konnte ich mit Herrn Professor Menahem Haran, Herrn Professor Moshe Greenberg, Herrn Professor Moshe Weinfeld, Herrn Professor Avi Hurvitz und vielen anderen Fachleuten, denen ich gleichfalls wertvolle Anregungen verdanke, meine Arbeit diskutieren. Auch von den Gesprächspartnern außerhalb Israels, die zahlreiche gute Anregungen beisteuerten, können nur einzelne genannt werden: mein Doktorvater Herr Professor Peter Welten, Herr Professor Jean E. Halpérin sowie Herr Dr Josef Guggenheim. Für finanzielle Hilfe danke ich außer den genannten Stiftungen meinen Eltern, Martin und Hilde Krapf, die mir u.a. die technischen Voraussetzungen der elektronischen Textverarbeitung ermöglichten, ohne die das Projekt sicher nicht zu Ende geführt worden wäre. Herrn Oron Joffe verdanke ich die unerläßlichen Weihen der Informatik, die er mir mit viel freundschaftlichem Verständnis und mit unermüdlicher Geduld vermittelte. Außerdem ermöglichte er zusammen mit Frau Beverly Fields den Laser-Druck des Manuskriptes. Ferner danke ich Herrn Konstantin

Zuckerman für seine unverzichtbare Unterstützung, um die russisch geschriebenen Briefe von Yehezkel Kaufmanns Vater, Mordechai Koifmann, auszuwerten. In gleicher Weise war mir Herr Shlomo Zucker von der Manuskript— und Archivabteilung der Israelischen Nationalbibliothek Jerusalem immer wieder behilflich, so daß auch jiddische und weitere russische Dokumente ausgewertet werden konnten, die sonst unberücksichtigt geblieben wären. Ebenso freundschaftlich investierte Frau Ulla Kleine-Büning viel Zeit und Mühe in eine gründliche Manuskriptkorrektur. Gleichfalls wurde ich von meinem Vater durch eine sehr hilfreiche und arbeitsintensive Korrektur des Manuskriptes sowie durch viele wertvolle inhaltliche Anregungen unterstützt. Desgleichen danke ich dem Herausgeber Herrn Professor Peter von der Osten-Sacken, der sich bei der Betreuung der Publikation nicht nur keine Mühe ersparte, sondern auch viele wichtige inhaltliche Vorschläge beitrug. Außerdem hat sein Mitarbeiter Herr Bernd Schröder eine sehr sorgfältige Korrektur des druckfertigen Manuskriptes vorgenommen. Wie bereits erwähnt hat die Hermann Maas-Stiftung mich mit einem Stipendium unterstützt; außerdem danke ich ihr für ihre sehr großzügige Beteiligung an den Druckkosten, zu denen auch die Gesellschaft für Forschung und Internationale Kooperation auf dem Gebiet der Publizistik e.V. in freigiebiger Weise beigetragen hat.

Schließlich danke ich meiner Frau, die sich mehrere Jahre mit viel Verständnis damit abfand, daß sie sich ohne ihr Zutun immer wieder in Yehezkel Kaufmanns Gegenwart fühlen mußte. Ihr ist die Monographie gewidmet.

Jerusalem, im März 1990                    Thomas Krapf

# Yehezkel Kaufmann — Leben und Werk

## Einleitendes

Aus der Feder des Wissenschaftlers und Publizisten Yehezkel Kaufmann liegt der Öffentlichkeit außerhalb des hebräischen Sprachraumes lediglich eine kleine Auswahl von Titeln vor, welche für die biblische und für die jüdische Religionsgeschichte relevant sind. Indessen ist das Lebenswerk dieses schöpferischen Geistes — der trotz seiner lesenswerten, deutsch verfassten Bibliographie als hebräischer Autor gewirkt hat — viel umfassender und inhaltlich komplexer als die wenigen Übersetzungen aus dem Hebräischen ahnen lassen. In seiner umfangreichen Bibliographie[1] finden sich neben zahlreichen wissenschaftlichen Veröffentlichungen zur Sozial— und Religionsgeschichte und neben zwei Titeln zur Philosophie auch eine große Anzahl essayistischer Publikationen über Zeitgeschichtliches und Tagespolitisches.

Ohne den biographischen Hintergrund Yehezkel Kaufmanns sind weder der innere Zusammenhang noch manche methodische Besonderheit seines vielseitigen literarischen Schaffens nachvollziehbar. Daß diese Verständnisbarriere schon zu Kaufmanns hundertstem Geburtstag gegeben ist, sollte jedoch nicht zu voreiligen Schlüssen über die gegenwärtige Aktualität seines Werkes Anlaß geben, sind doch die unter biblischen Religionshistorikern und Exegeten verbreiteten Vorurteile über Kaufmann in keiner Weise gerechtfertigt.[2] Die folgende biographische Skizze möchte eine Verständnishilfe von Kaufmanns Werk mit dessen methodischen Eigenheiten sein. Dabei geht es speziell um seinen Beitrag zur Geschichte der biblischen Religion. Seine Schriften zum jüdischen Nationalismus kommen im folgenden nur in den Blick, insofern dies für sein religionsgeschichtliches Werk relevant ist.[3]

---

[1] Veröffentlicht in *Yehezkel Kaufmann Jubilee Volume. Studies in Bible and Jewish Religion Dedicated to Yehezkel Kaufmann on the Occasion of his Seventieth Birthday,* edited by Haran, M., Jerusalem 1960, S. ‎א-י.

[2] Dazu s.u., S.81ff.

[3] Zu diesem Komplex vgl die Dissertation von Silberstein, Laurence Jay, *History and Ideology. The Writing of Yehezkel Kaufmann,* Waltham 1971

Um den Zusammenhang jener methodischen Besonderheiten mit Kaufmanns Biographie zu verdeutlichen, schließt sich eine Diskussion methodischer Aspekte an.

Yehezkel Kaufmann (1889-1963) war alleinstehend. War der junge Yehezkel Kaufmann extrovertiert und gesellig,[4] so ist der Mehrheit seiner Zeitgenossen eine völlig andere Persönlichkeit begegnet. Auf jene, die heute noch leben, wirkte Kaufmann ohne Ausnahme menschenscheu und verschlossen. Zugleich fällt auf, daß sein literarisches Werk reichlich mit scharfer Polemik versehen ist. Bekannte des älteren Kaufmann bezeugen,[5] daß er in asketischer Selbstdisziplin ein zurückgezogenes Gelehrtendasein lebte und besonders in seinen letzten Jahren seine Wohnung nur selten zu verlassen pflegte. Nichtsdestoweniger habe er lebhaft Interesse am Geistesleben und am Zeitgeschehen in nah und fern genommen, und in kleinem Kreise von höchstens drei Personen sei er ein faszinierender Gesprächspartner gewesen. — Auf Ruhm hat Kaufmann keinen erkennbaren Wert gelegt, ihm zu Ehren veranstalteten Preisverleihungszeremonien ist er ferngeblieben.[6] Nach seiner Biographie gefragt, soll er gesagt haben: "Ich habe keine Biographie, nur eine Bibliographie." Seine Kooperation verweigerte er jedoch nicht nur jenen, die sich für seinen Lebenslauf interessierten.[7] Auch Menahem Haran, der Herausgeber von Kaufmanns

---

(Thesis: Brandeis University 1971); ders., "Religion, Ethnicity and Jewish History: The Contribution of Y. Kaufmann", *JAAR* 42(1974)516-531; ders., "Exile and Alienhood: Yehezkel Kaufmann on the Jewish Nation", S.239-256 in *Texts and Responses, Studies Presented to Nahum N. Glatzer* edited by Fishbane, M.A., and Flohr, P.R., Leiden 1975 sowie die dort jeweils angegebene Literatur.

4  *DINUR, Kaufmann,* 344 (zur Zitierungsweise hebräischer Titel s.u., 140 die einleitenden Erläuterungen in der Bibliographie).

5  Zu nachfolgenden Angaben vgl Greenberg, Moshe, "Kaufmann on the Bible: An Appreciation", *Judaism* 13(1964)77-78 sowie *HARAN, Grenze,* 52.

6  1956: Bialikpreis (den ersten Bialikpreis hatte er 1933 erhalten). — 1958: Israelpreis. — 1961 Bublikpreis.

7  Herausgeber publizistischer Nachschlagewerke (*The Author's and Writer's Who's Who,* London, First Post-War Edition [1948-49]; *Contemporary Authors,* Detroit 1962; *Who's Who in World Jewry,* New York, 1962/65) haben wiederholt erfolglose Versuche unternommen, von Kaufmann über seine Biographie oder wenigstens über sein Werk Auskünfte zu erhalten. (Entsprechen-

Festschrift[8], hatte Grund sich zu beklagen, daß seine Bemühungen, Kaufmanns Literaturliste zu erstellen, vom Autor selbst überhaupt nicht unterstützt wurden.[9]

Es ist nichts über die Umstände der menschlichen Tragik dokumentiert, die hinter Kaufmanns Isolierung sowie hinter der krassen Veränderung seiner Persönlichkeit zu vermuten ist. Letztere ist ohnehin kaum bekannt, ist doch das extrovertierte, gesellige und humorvolle Temperament des jungen Kaufmann nur von einem einzigen Jugendfreund bezeugt.[10] Wer sich für Kaufmanns Biographie interessiert, kann sich nur noch mit seiner introvertierten, zurückgezogenen Persönlichkeit auseinandersetzen. So ist es kein Zufall, daß nur wenige biographische Nachrichten über ihn veröffentlicht sind[11] und daß sie sich in mehr oder minder wichtigen Aspekten sogar widersprechen.

Inzwischen leben nur noch wenige Zeitgenossen, die den älteren Kaufmann gut kannten. Ferner ist der umfangreiche literarische Nachlaß Kaufmanns erhalten,[12] der außer einigen unveröffentlichten Texten und literarischen Vorentwürfen eine Menge bisher nicht ausgewerteter Dokumente enthält, vor allem persönliche Briefe. Dieses Material ermöglicht einen Einblick in Kaufmanns Schaffen, gibt aber, soweit ich entdecken konnte, nichts über seine gesellige Persönlichkeit her. Jedoch soll mit nachfolgender Darstellung einer anders gearteten Schlußfolgerung nicht vorgegriffen werden.

---

de, z.T. mehrfach erfolgte Bitten sind in seinem Nachlaß erhalten, *Kaufmann Archive*, no 22; zu Kaufmanns literarischem Nachlaß s.u., Anm 12.)

[8] S.o., Anm 1.

[9] Daß ich ohne Eigenleistung in der zu Kaufmanns Lebzeiten mühsam erstellten Bibliographie einige Lücken entdecken konnte, verdanke ich Menahem Haran selbst, der mir ermöglichte, Kaufmanns literarischen Nachlaß auszuwerten. (Die entsprechenden Titel sind in nachfolgender Bibliographie kenntlich gemacht, s.u., S.140,143-144.)

[10] *DINUR, Kaufmann*, ebd.

[11] Folgende kurze Publikationen enthalten einige biographische Daten über Kaufmann: Jernensky, M.E., "Kaufmann, Jecheskel", *EJ(D)* 9(1932)1100; Green, Emanuel, "Kaufmann, Yehezkel", *EJ* 16(1971)1349-1350; *KRESSEL* 740-741; *REINER*.

[12] *Yehezkel Kaufmann Archive*, National Library, Jerusalem: 4° 1217. (Im folgenden zitiert als "*Kaufmann Archive*, no...".)

14

Die hier vorgelegte Biographie beruht im wesentlichen auf der Auswertung des Nachlaßes. Der relativ kleine Anteil russischer und jiddischer Dokumente konnte nur partiell berücksichtigt werden. Ferner werden einige Angaben jeweils genannter mündlicher Quellen berücksichtigt, sofern sie mir zuverlässig erschienen.

Schließlich ist in Rechnung zu stellen, daß die wenigen erhaltenen autobiographischen Angaben Kaufmanns nicht immer als bare Münze genommen werden können, insofern sie ergänzungsbedürftig sind. Sie sind ausnahmslos für spezifische Zwecke verfaßt worden, so daß ihr jeweiliger biographischer Kontext vergegenwärtigt werden muß, um ihrem historischen Wert gerecht zu werden.

# Kindheit und Jugend — kulturelles und zeitgeschichtliches Milieu

Yehezkel Kaufmann kam am Vorabend eines *Hanukkah*—, eines Lichterfestes zur Welt. Er starb am Vorabend einer *Simhat Torah*, eines Festes der Torahfreude.

*Yehezkel Koifmann*[13] wurde im ukrainischen Dunajewzi[14] geboren. Sein Geburtsdatum ist כ״ד בכסלו תר״ן, d.h. der 24. Kislew 5650; laut dem bis zur russischen Revolution in seiner Heimat gebräuchlichen julianischen Kalender entspricht dieses Datum dem 4.12.1889; nach gregorianischer Zeitrechnung schrieb man den 17.12.1889. Kaufmann hat sein Geburtsdatum dem gregorianischen System niemals angepaßt: Sowohl in seinen ab 1913 in Westeuropa und im britisch verwalteten Palästina ausgestellten Ausweisdokumenten[15] als auch in einem erhalten gebliebenen Lebenslauf, den Kaufmann in den zwanziger Jahren verfaßt hat,[16] wird der julianische Termin festgehalten, als sei er mit dem gregorianischen identisch. Dagegen wird ausschließlich der letztere in biographischen Publikationen genannt, da die julianische Zeitrechnung für die jeweiligen Verfasser gegenstandslos war.[17]

---

[13] In lateinischen Buchstaben signierte יחזקאל קוֹיפמאן oder קוֹיפמן seinen Familiennamen sowohl "Koifmann" als auch "Kaufman" oder "Kaufmann". Als Autor zeichnete er jedoch nur mit den letzten beiden Formen. Dagegen pflegte er seinen Namen *Koifmann* auszusprechen (so Moshe Weinfeld mündlich). Von seinem Vornamen sind sechs lateinische Transkriptionen dokumentiert: *Chaskel, Chazkel, Haskel, Hazkel, Jesekiel* und *Yehezkel* (dazu s. Fortsetzung).

[14] Auch *Dunajewzy, Dounajëvtzi* oder *Dounaievci* transkribiert — etwa am Schnittpunkt des 49. Breiten— und des 27. Längengrades, d.h. ungefähr auf dem Mittelpunkt der Luftlinie Odessa — Warschau gelegen.

[15] *Kaufmann Archive*, no 3,8.

[16] Zum Wortlaut dieses Dokumentes s.u., S.116.

[17] Daß in Jernensky, M.E., "Kaufmann, Jecheskel", *EJ(D)* 9(1932)1100, der gregorianische Termin genannt wird, ist insofern bemerkenswert, als die Zentralredaktion der *Encyclopaedia Judaica*, Berlin in einem Schreiben vom 6.7.1932 (*Kaufmann Archive*, no 115 ו) Kaufmann ersucht hatte, möglichst postwendend sein Geburtsdatum mitzuteilen. Auf diese hebräisch verfaßte Anfrage wird Kaufmann sicherlich hebräisch geantwortet haben und sein Geburtsdatum mit כ״ד בכסלו תר״ן angegeben haben; im Unterschied

16

Über Yehezkel Kaufmanns Familie sind nur wenige Details bekannt. Obgleich seine Mutter noch im Juni 1917 in den Briefen des Vaters erwähnt wird, ist nicht einmal ihr Name dokumentiert. Indessen sind die erhaltenen Briefe des Vaters, Mordechai Nahum Koifmanns, sowie die Post einiger Brüder an Yehezkel für das wirtschaftliche und kulturelle Milieu des Elternhauses aufschlußreich. Kaufmann stammte aus der breiten Schicht unbemittelter jüdischer Kleinhändler, die im zaristischen Rußland im Elend des Ansiedlungsrayons knapp ihre Existenz zu fristen vermochten. Zwei in dieser Schicht verbreitete Merkmale sind auch in Kaufmanns Familie anzutreffen: Kinderreichtum und die hohe Wertschätzung von Bildung.

Daß das in dieser sozialen Schicht verbreitete Jiddisch Yehezkel Kaufmanns Muttersprache war, dokumentiert die erwähnte Korrespondenz: Hatte der Vater vor dem Ersten Weltkrieg seinem Sohn in Jiddisch geschrieben, so sind seine Briefe, welche den in der Schweiz lebenden Yehezkel während der Kriegsjahre aus der Ukraine erreichten, in schlechtem Russisch verfaßt;[18] analog ist die Post der Brüder Chaim und Jakob ausschließlich während der Kriegsjahre in einem durch und durch jiddisch inspirierten Deutsch geschrieben,[19] wohl deshalb, weil die als Kriegsgefangene in Österreich internierten Verfasser deutsch schreiben mußten oder dies mindestens aus pragmatischen Gründen für zweckmäßig hielten. Hatte doch die Zensur der kriegführenden Staaten die Beförderung fremdsprachiger Post nicht zugelassen.[20]

Die wenigen, diesbezüglich relevanten Zeugnisse[21] deuten darauf hin, daß die wirtschaftlichen Verhältnisse der Koifmanns

---

zu Kaufmanns eigener Gepflogenheit wird dann in der Berliner Redaktion der hebräische Termin auf die gregorianische Zeitrechnung umgerechnet worden sein.

[18] *Kaufmann Archive*, no 123 א.

[19] *Kaufmann Archive*, no 123 א.

[20] In Kaufmanns Nachlaß findet sich umfangreiches Material, welches mit dieser posttechnischen Komplikation zusammenhängt: Während der Kriegsjahre war Kaufmann Kontaktperson für Bekannte gewesen, die vom deutschen Kaiserreich aus nicht mit ihren Angehörigen in Rußland direkt korrespondieren konnten: Deutsch geschriebene Briefe wurden Kaufmann in die Schweiz geschickt, damit er sie übersetzte und weiterleitete. (*Kaufmann Archive*, no 123 ק, ר).

[21] Die Briefe des Vaters (*Kaufmann Archive*, no 123 א).

äußerst ärmlich gewesen sein müssen: Der Vater handelte mit wenig ertragreichen Waren, und als während der Kriegsjahre die Veröffentlichung jiddischer Zeitungen in Rußland untersagt wurde und er diese nicht mehr verkaufen konnte, blieb er ohne Einkünfte und der Verzweiflung nahe;[22] zudem verlor er im ersten Kriegsjahr die Hälfte seines Besitzes.[23] Als er schließlich Erwerbsalternativen fand, können es nicht sehr lukrative gewesen sein.[24]

Trotz dieser wirtschaftlichen Not war der selbst nicht sehr gebildete Mordechai Koifmann bereit, die Ausbildung seines Sohnes Yehezkel finanziell zu unterstützen.[25]

Außer den Namen von sechs Brüdern bezeugen die Briefe des Vaters und der Brüder, daß Yehezkel noch weitere Geschwister hatte: Der Vater erwähnt wiederholt die "kleinen Kinder", welche die Mutter betreue. Der jeweilige Kontext läßt wahrscheinlich erscheinen, daß es sich um jüngere Geschwister, nicht um Nichten und Neffen Yehezkels gehandelt haben wird.

Erhielt der hochbegabte Yehezkel in seiner Kindheit eine gute und gründliche Schulbildung, so verraten Stil und Inhalt der väterlichen Briefe, daß Mordechai Koifmann seinen Lebtag keinerlei Gelegenheit gehabt haben wird, sich literarisch zu bilden oder sich mit geistigen Gegenständen zu befassen. Der Inhalt dieser stilistisch einfachen Briefe scheint zu bezeugen, daß die erdrückenden Alltagssorgen den Horizont des Autors insgesamt ausfüllten.

---

[22] Postkarte vom 11.5.1915: "Ich verdiene jetzt sehr wenig und sehr schlecht. Denn alle Zeitungen in Jiddisch sind während des ganzen Krieges geschlossen. Ich bete für den Frieden."

[23] Postkarte vom 25.9.1915: "Ich habe die Hälfte meines Besitzes verloren."

[24] Postkarte vom 26.8.1915: "Jetzt handele ich bereits mit..."; die Bezeichnung des Handelsobjekts ist unlesbar; möglicherweise geht es um andere Zeitungen, vgl Postkarte vom 4.4.1916: "Ich gebe mich jetzt nicht mehr mit Zeitungen ab, aber ich habe eine Genehmigung, Tabakwaren zu verkaufen." Letztere Mitteilung wird in einem Brief vom 30.8.1917 wiederholt.

[25] Nach eigenen Angaben hatte Yehezkel in seiner Jugend Privatstunden erhalten, durch die seine traditionelle Ausbildung durch eine säkulare vervollständigt worden war (s.u., S.116); es ist allerdings nicht vollkommen auszuschließen, daß es sich in diesem Kontext um eine pragmatische Zweckbehauptung Yehezkels gehandelt haben könnte (dazu s.u., S. 57-59). Andererseits bezeugen die Briefe Mordechai Koifmanns, der den in der Schweiz studierenden Yehezkel materiell unterstützen wollte — was dieser jedoch immer wieder ablehnte —, die Bereitschaft des nicht sehr bemittelten Vaters, den Sohn nach Kräften zu fördern.

Von Kaufmann ist nur eine beiläufige Bemerkung über seine Jugend erhalten: "Meine erste hebräische Bildung erhielt ich im 'Cheder', meine allgemeine, elementare Bildung bei Privatlehrern."[26] Trotz ihres lakonischen Charakters bezeugt diese Mitteilung den zweigleisigen Bildungsweg, der ab der zweiten Hälfte des neunzehnten Jahrhunderts für einen großen Teil der heranwachsenden jüdischen Generationen im Ansiedlungsrayon üblich war, nämlich einerseits die spezielle, d.h. die traditionell jüdisch-religiöse Bildung, welche im Vorschulalter begann, und andererseits die allgemeine, d.h. die säkulare, die erst später folgte — häufig autodidaktisch.[27]

Auf Grund seiner traditionellen Bildung war Kaufmann von Jugend auf im biblischen sowie im postbiblischen Schrifttum zu Hause;[28] da seine Werke eine Detailkenntnis dokumentieren, die

---

[26] *Lebenslauf,* s.u., S.116.

[27] Mit Blick auf das Milieu von Kaufmanns Kindheit sowie späterer Stationen seiner Biographie hat Kaufmanns Petersburger Lehrer Simon Dubnow (1860-1941) in seinen autobiographischen Aufzeichnungen, *Mein Leben,* hrsg von Elias Hurwicz, Berlin (Jüdische Buchvereinigung) 1937, in deutscher Sprache (d.h. mit dem Autor bzw Verlag vereinbarte Übersetzung) ein wertvolles Dokument hinterlassen: Obgleich Dubnows Generation jener Kaufmanns voraufging und obgleich sich ihre Wege nur in Petersburg und Berlin kreuzten, lassen Dubnows (im folgenden wiederholt zitierte) Erinnerungen an das traditionelle Milieu seiner Jugend, an Odessa sowie an Petersburg, jene identischen Etappen in Kaufmanns Biographie lebendig werden; letztere sind hier von besonderem Interesse, da sie für Kaufmanns intellektuelle Entwicklung wesentlich sind. — Zum zweigleisigen Bildungsweg *a.a.O.,* 41ff.

[28] Zur Geschichte des traditionellen jüdischen Erziehungswesens sowie zu dessen Struktur, Inhalten, Methodik und Zielsetzung vgl Golomb, A., "Traditional Education", *JPPP* 102-107 — zu den hier eingeführten bibliographischen Abkürzungen s.u., S. 135ff — und behelfsmäßig Moriel, Y., "Education in the Talmud", *EJ* 6(1971)398-403, insbesondere 401-402. Ebenso vermitteln Ettingers Ausführungen über osteuropäische Traditionalisten Einblick in das Milieu der Jeschivoth, jedoch nicht in die Struktur des Erziehungswesens; vgl Ettinger, Shmuel, *Geschichte des jüdischen Volkes III. Die Neuzeit: Vom 17. Jahrhundert bis zur Gegenwart.* (Hrsg. Ben-Sasson, H.H., München 1980) insbesondere 148-149. — Zu den Anfängen des rabbinischen Schulwesens vgl Strack, H.L. / Stemberger, G., *Einleitung in Talmud und Midrasch,* 7., völlig neu bearbeitete Aufl., München 1982, 18-24. Speziell zum jüdischen Erziehungswesen im Rußland des 19. Jahrhunderts vgl Baron, Salo W., *The Russian Jew under Tsars and Soviets,* New York, London 1976, second edition revised and enlarged, 117-120.)

als fast menschenunmöglich bezeichnet werden muß, liegt es nahe, ihn mit einem *Ilui* [29] zu assoziieren. Daß Kaufmann geniale intellektuelle Fähigkeiten besaß, ist aus seinem vielseitigen Werk sowie aus seinen scharfen und tiefgehenden Analysen zu ersehen; ferner gehen seine Zeitgenossen darin einig, daß die in seinen Werken evidente, umfassende universale Bildung sich auch auf weite Gebiete erstreckte, über die er nicht publizierte.[30] Der hochbegabte Kaufmann wird seine säkulare Bildung nicht nur von Privatlehrern erhalten haben, sondern sie sich auch als Autodidakt erworben haben.

War Kaufmanns Muttersprache Jiddisch, so beherrschte er dank seiner traditionellen Schulbildung von früh auf klassisches und mischnisches Hebräisch sowie Aramäisch. Es läßt sich nicht feststellen, ob Kaufmann bereits in seiner Kindheit einen *Heder* oder eine *Jeschivah*[31] moderner Konzeption besuchte, an denen das sich entwickelnde Neuhebräisch Unterrichtssprache war; dagegen ist gesichert, daß er in seinem siebzehnten Lebensjahr an die *Moderne Jeschivah* in Odessa kam, welche als eines der wichtigsten Zentren des neuhebräischen Bildungswesens galt.[32] Mit großer Wahrscheinlichkeit ist anzunehmen, daß Kaufmann bereits Russisch beherrschte, bevor er nach Petersburg zog, waren doch zu Beginn des 20. Jahrhunderts weite Kreise der jüdischen Bevölkerung Odessas russifiziert;[33] gesichert ist, daß er etwa zwanzigjährig an der Petersburger *Akademie für Jüdische und Orientalische Studien* zu studieren begann, deren Dozenten sich der

---

[29] Als solchen pflegt Menahem Haran Kaufmann (mündlich) zu beschreiben: עילוי meint ein selten begabtes Individuum, welches die Hebräische Bibel sowie weite Teile der postbiblischen Literatur auswendig kennt.

[30] Vgl *WISSLAVSKY*, 265.

[31] Zu den Schultypen, *Heder, Jeschivah, Beth Midrasch* u.ä. vgl Golomb, a.a.O., 103-106.

[32] Zur *Modernen Jeschivah* s.u., S.27ff. — Zum neuhebräischen Bildungswesen vgl Spizman, L., "The Hebrew School Movement. Education in Hebrew before World War I.", *JPPP* 119-122.

[33] Vgl Herlihy, Patricia, *Odessa. A History, 1794-1914. (Harvard Ukrainian Research Institute Monograph Series)*, Cambridge (MA) 1986, 251, 299-300; Dinur (Dinaburg), Benzion, "Odessa", *EJ* 12(1971)1319-1325 (besonders 1323).

Kultur der russischen Unterrichtssprache verbunden fühlten.[34] Es ist anzunehmen — historische Daten liegen diesbezüglich nicht vor —, daß der begabte und vielseitig interessierte Kaufmann seit seiner Kindheit das Ukrainische seiner Umgebung beherrscht haben wird.

Mit Blick auf jene spezifisch zeitgeschichtlichen Gegebenheiten in Kaufmanns Jugend, welche sich als bestimmende Faktoren in seiner weiteren Biographie und damit in seinem literarischen Werk erwiesen, läßt sich eine Reihe von Phänomenen benennen, die im weitesten Sinne mit der Verbreitung der *Haskalah*[35] in Rußland in Zusammenhang stehen; im engeren Sinne sind wesentliche Charakteristika von Kaufmanns Werk nur vor dem Hintergrund der im Rußland des ausgehenden 19. und des frühen 20. Jahrhunderts sich entwickelnden jüdischen Nationalbewegung erklärbar: Wuchs doch Kaufmann in jenen Jahrzehnten heran, als angesichts sich verschärfender Repressionen die Mehrheit der russischen *Maskilim*[36] geneigt war, ihre Hoffnungen auf die jüdische Nationalbewegung zu setzen.[37]

---

34 Zur Petersburger *Akademie für Jüdische und Orientalische Studien,* zu deren kulturellem Milieu sowie zu den Daten von Kaufmanns Petersburger Zeit s.u., S.35ff.
35 *Haskalah* (=השכלה: Aufklärung) meint im hebräischen Sprachgebrauch vor allem die jüdische Aufklärung (seltener die europäische), deren Beginn mit Moses Mendelsohn angesetzt wird. Dazu vgl Bernfeld, Simon, "Aufklärung", *EJ(D)* 3(1929)667-673; Shochat, A., "Haskalah", *EJ* 7(1971)1433-1445. Zur Haskalah in Rußland vgl Slutsky, Y., "Haskalah in Russia", *EJ* 7 (1971)1445-1451; Baron, *a.a.O.,* 124-131.
36 *Maskil(im)* meint [einen] Vertreter der *Haskalah.*
37 Zu den Hoffnungen der Maskilim vgl Tscherikower, E., "Aufklärung., III. Osteuropa", *EJ(D)* 3(1929)673-679. — Zum politischen und gesellschaftlichen Hintergrund der Repressionen unter Alexander III (1881-1894) und Nikolaus II (1894-1917) vgl die ausführliche Darstellung des (oben erwähnten, vgl Anm 27) zeitgenössischen russischen Historikers Simon Dubnow, *Weltgeschichte des jüdischen Volkes. Von seinen Uranfängen bis zur Gegenwart, X,* Berlin 1929, 119-212, 368-405; bei seiner hohen historiographischen Qualität ist dieser Text zugleich als authentisches Zeugnis eines selbst betroffenen Zeitgenossen wertvoll. Daneben aus der jüngeren Forschung, mit zahlreichen Quellennachweisen: Greenberg, Louis, *The Jews in Russia. The Struggle for Emancipation, II,* New Haven 1951 (reprint: *Two Volumes in One,* New Haven, London 1965), 1-137; Baron, *a.a.O.,* 43-62; (behelfsmässig Ettinger, 195-204). — Zu den Auswirkungen der Repressionen Alexander'

Gibt es in der zweiten Hälfte des zwanzigsten Jahrhunderts reichlich Anlaß, nationalstaatlichen Nationalismus mit reserviertem Unbehagen zu betrachten, so fällt es nicht leicht, das leidenschaftliche Engagement jener jüdischen Nationalisten nachzuvollziehen. Um jedoch anachronistische Projektionen zu vermeiden, seien die konkreten politischen, sozialen und ökonomischen Realitäten vergegenwärtigt:

Seit Ende des 18. Jahrhunderts war die russische Judenheit im *Ansiedlungsrayon*[38] zusammengepfercht worden. Die von Gesetzes wegen den Juden zugestandenen beruflichen Möglichkeiten beschränkten sich vor allem auf Handel und Gewerbe, die nur manchen einen meist kärglichen Lebensunterhalt boten; die große Mehrheit der jüdischen Bevölkerung mußte sich für Gelegenheitsarbeiten verdingen oder als Industriearbeiter in den bekannten frühkapitalistischen Verhältnissen ein Sklavendasein fristen; so war es im sich stetig verengenden Ansiedlungsrayon zu Jahrzehnte andauernder wirtschaftlicher Übervölkerung und in der Folge zu Verarmung und Proletarisierung weiter Schichten gekommen.[39] Während in den letzten Jahrzehnten des 19. Jahrhunderts der Antisemitismus in weiten, absolutistisch gesonnenen Kreisen von neuem salonfähig wurde, kam es zu systematischen Repressionen durch die Regierung des Zaren: Durch Massenausweisungen und

---

III und Nikolaus' II auf die jüdischen Intellektuellen vgl Dubnow, *Weltgeschichte...*, X, 212-225; ders., *Mein Leben*, 124-134; Baron, *a.a.O.*, 45.

[38] Zum *Ansiedlungsrayon*, jenem Gebiet des Zarenreiches, in dem sich Juden niederlassen durften, und wo sie leichte Beute für Pogrome waren, vgl Slutsky, Y, "Pale of Settlement", *EJ* 13(1971)24-28: Ende des 19. Jahrhunderts lebten 94% der russischen Juden im Ansiedlungsrayon, der damals die zehn Provinzen Kongreßpolens einschloß. — Waren die im Zarenreich verbreiteten Einschränkungen der Freizügigkeit im Laufe des 19. Jahrhundert für andere Bevölkerungsgruppen nach und nach gelockert worden, so war im gleichen Zeitraum, insbesondere ab 1881, die Bewegungsfreiheit der Juden drastisch reduziert worden.

[39] Die von Graf Pahlen geleitete Regierungskommision, "Zur Revision der für die Juden geltenden Gesetze", veröffentlichte 1888 in ihrer *Allgemeinen Denkschrift:* "... es der bei weitem überwiegenden Mehrheit der Juden in Rußland noch immer sehr schlecht geht. Die jüdische Bevölkerung stellt zu 90% eine völlig unbemittelte Masse dar, die, dem Proletariat nicht unähnlich, von der Hand in den Mund lebt und unter den unmöglichsten hygienischen und sonstigen Lebensverhältnissen ein elendes Dasein fristet." (Zitiert nach Dubnow, *Weltgeschichte...*, X, 173; vgl ferner *a.a.O.*, 386 sowie die statistischen Daten, *a.a.O.*, 205-206; Baron, *a.a.O.*, 94-98.)

repressiv motivierte Gesetzgebung wurden die spärlichen Wohn-
rechte der jüdischen Bevölkerung noch weiter reduziert;[40] im
Bildungswesen[41] und in akademischen Berufen[42] wurden die
Juden durch amtlich verfügten numerus clausus diskriminiert;
durch gezielte Gesetzgebung wurden den Juden in Gewerbe und
Handel Erwerbsmöglichkeiten genommen — selbst dann, wenn die
wirtschaftspolitischen Eigeninteressen des Zarenreiches dabei
Schaden nahmen;[43] während im Ansiedlungsrayon selbst auf
kommunaler Ebene das aktive und passive Wahlrecht der Juden
unterhöhlt wurde,[44] galt für sie eine verschärfte Wehrpflicht;[45]
Pogrome wurden von der zaristischen Obrigkeit zumindest
geduldet und immer häufiger aktiv getragen.[46]

Angesichts der von der zaristischen Obrigkeit angestrebten
Liquidierung der russischen Judenheit[47] sahen sich die Opfer
dieser systematischen Unterdrückungspolitik vor drei Alternativen
gestellt: Viele wählten die Emigration,[48] die jedoch nur auf indi-

---

[40] Dubnow, *Weltgeschichte...*, X, 183-190, 202-205; Baron, *a.a.O.*, 54.

[41] Zur Geschichte des *numerus clausus* im Bildungswesen vgl Slutsky, Y.,
"Numerus Clausus in Czarist Russia", *EJ* 12(1971)1264-1265; Dubnow,
*Weltgeschichte...* X, 160-161, 165-166, 169-170, 208-209 (vgl 197-198); ders., *Mein
Leben*, 42; Baron, *a.a.O.*, 48, 53.

[42] Vgl Dubnow, *Weltgeschichte...*, X, 160-161, 170-171, 207; Baron, *a.a.O.*, 48, 53.

[43] Dubnow, *Weltgeschichte...*, X, 203-207; Baron, *a.a.O.*, 49, 53-54, 357 (Anm 4).

[44] Vgl Dubnow, *Weltgeschichte...*, X, 196-197.

[45] Vgl Dubnow, *Weltgeschichte...*, X, 171-172 (vgl 379); Baron, *a.a.O.*, 66-67, 363
(Anm 4).

[46] Zur Pogromchronik jener Jahrzehnte vgl Dubnow, *Weltgeschichte...*, X, 123-
164, 209-211; Herlihy, *a.a.O.*, 299-304.

[47] Gegenüber dem jüdischen Publizisten Alexander O. Zederbaum führte 1898
der Oberprokurator des Heiligen Synods Pobjedonoszew in seiner
Eigenschaft als Vertreter der kaiserlichen Regierung, deren Ziel aus: Ein
Drittel der Juden werde aussterben, ein Drittel aus dem Lande ziehen und
der Rest spurlos in der russischen Bevölkerung aufgehen. (Vgl Dubnow,
*Weltgeschichte...*, X, 200-201; Baron, *a.a.O.*, 49-50.) — Der bekanntermaßen
antisemitische Innenminister, V.K. von Plehwe (1902-1904), soll einer
Delegation Odessaer Juden ins Gesicht erklärt haben: "We shall make
your position in Russia so unbearable that the Jews will leave the country
to the last man." (Zitiert nach Baron, *a.a.O.*, 56.)

[48] Diese wurde von Amts wegen gefördert: Jahrzehnte lang vor jener 1891-
1894 von der Regierung in großem Maßstab unterstützten Auswanderung
(Dubnow, *Weltgeschichte...*, X, 190-199; Baron, *a.a.O.*, 50, vgl 73-74) war eine
Lockerung des repressiven Aufenthalts— und Wohnrechtes immer wieder
mit dem trostvollen Hinweis abgelehnt worden, daß die Westgrenze den

vidueller Ebene eine Lösung bedeuten konnte; daneben blieb außer der Assimilation nur der jüdische Nationalismus.[49]

Anfang des zwanzigsten Jahrhunderts gebrauchte das absolutistische Zarenregime Pogrome als politisches Ventil, um der revolutionären Gärung Herr zu werden. Laut der Devise, "Die Revolution soll in jüdischem Blute erstickt werden!"[50], zettelte das zaristische Regime mit Vorliebe zu Ostern in großem Stil blutige Pogrome an, welche jene der voraufgehenden Jahrzehnte an Grausamkeit übertrafen.[51] Diese Ereignisse machten einen nachhaltigen Eindruck auf die russischen Juden und verstärkten unter ihnen nationalistische Bestrebungen.[52] Die Stimmung wurde durch die allgemeinen innenpolitischen Entwicklungen jener Jahre verstärkt: Auf die anfänglich erfolgversprechende Revolution von 1905 war statt der erhofften Liberalisierung eine scharfe Reaktion gefolgt, die eine Verschärfung polizeistaatlicher Methoden mit sich gebracht hatte;[53] damit war den Hoffnungen der jüdischen Untertanen des Zaren auf elementarste Menschenrechte oder gar auf bürgerliche Gleichberechtigung jegliche Grundlage entzogen.

So weit die Skizzierung des historischen Kontextes, in welchem der heranwachsende Kaufmann seine ersten Jugendeindrücke gesammelt hatte. Spätestens ab 1906, als er nach Odessa kam, war

---

Juden offenstehe ... — Zur Emigration russischer Juden vgl Baron, a.a.O., 69-74.

[49] Vgl Dubnow, *Weltgeschichte...*, X, 212-225. — In dieser verzweifelten Situation mochte mancher jüdische Sozialist oder Nihilist darauf vertrauen, daß dem Elend seines Volkes durch die unverzichtbare Veränderung der Gesellschaftsordnung beizukommen sei; vgl Baron, a.a.O., 146.

[50] Ab 1903 in Regierungskreisen im Umlauf, Dubnow, *Weltgeschichte...*, X, 370 (vgl 427); ders., *Mein Leben*, 150.

[51] Zu Chronik, Planung, Ausführung und Vertuschung jener Pogrome durch die Behörden des Zaren vgl Dubnow, *Weltgeschichte...*, X, 368-405; Baron, a.a.O., 56-58; Herlihy, a.a.O., 304-308.

[52] Zur Reaktion auf das Kischinewer Pogrom (Ostern 1903), welches den Auftakt jener Pogromserie bildete, vgl Dubnow, *Weltgeschichte...*, X, 373-375 sowie Bialiks Gedichte, על השחיטה (1903) sowie בעיר ההרגה (1904; "In der Stadt des Gemetzels"): Ersteres verfaßte Bialik, als er Augenzeuge der traumatischen Auswirkungen des Pogroms wurde, als er unmittelbar nach dem Morden als Mitglied eines dreiköpfigen Untersuchungsausschußes der *Jüdischen Historischen Kommission* in Odessa nach Kischinew kam.

[53] Vgl Dubnow, *Weltgeschichte...*, X, 384-405; Baron a.a.O., 58-62.

Kaufmann ideologischen Einflüssen der jüdischen Nationalbewegung, nämlich des Zionismus ausgesetzt.[54] Außerdem kann mit großer Wahrscheinlichkeit angenommen werden, daß er — wie viele seiner Zeitgenossen — bereits in seiner Kindheit und frühen Jugend die Spannungen jener aufeinanderprallenden Ideologien auszuhalten hatte, die sich in der zweiten Hälfte des 19. Jahrhunderts unerbittlich bekämpften:[55] Traditionalismus, Haskalah, sich bekämpfende Strömungen der Nationalbewegung — Zionismus und Autonomismus.[56] So bezeugen Kaufmanns journalistische Veröffentlichungen zeit seines Lebens sein Engagement als jüdischer Nationalist. Letzteres hat auch den Anstoß gegeben, die Sozialgeschichte des jüdischen Volkes sowie die Geschichte der biblischen Religion mit historisch-kritischen Methoden zu erhellen.

Desgleichen steht der Umstand, daß die hebräische Sprache zum Medium von Kaufmanns Denken wurde, mit der jüdischen Nationalbewegung in Zusammenhang. Ab den sechziger Jahren des neunzehnten Jahrhunderts schrieben zahlreiche osteuropäische Maskilim in Hebräisch.[57] So entstand eine neue weltliche hebräische Literatur, durch welche die Ideen der Haskalah verbreitet wurden; zugleich wurde Hebräisch für einen großen Teil der osteuropäischen Maskilim zur Wissenschaftssprache. Unter diesen kulturellen Voraussetzungen wurde Hebräisch die Sprache Kaufmanns: Ihm war der Gebrauch der hebräischen Sprache ein existentielles Anliegen, hielt er doch Entwicklung und Verbreitung der hebräischen Sprache und Literatur für die Identität und Zukunft der zu neuem Leben erwachenden hebräischen Kultur und Nation für unverzichtbar.[58] So verfaßte Kaufmann die meisten seiner Werke in Hebräisch. Zugleich hat ihn das nicht gehindert,

---

54 Über Dunajewzi, wo Kaufmann Kindheits— und Jugendeindrücke gesammelt hatte, teilt *DINUR* (*a.a.O.*, 344-345) mit, daß der Zionismus dort breiteste Unterstützung gefunden hatte.
55 Diesbezüglich liegen von Kaufmann selbst keinerlei Äußerungen vor. Dagegen sind die Konflikte der in der zweiten Hälfte des 19. Jahrhunderts heranwachsenden Generation in Dubnow, *Mein Leben*, 1-87, äußerst menschlich dokumentiert.
56 Vgl Baron, *a.a.O.*, 144-151; Ettinger, *a.a.O.*, 144-152, 208-216.
57 Vgl Ettinger, *a.a.O.*, 145-146,150, vgl 140.
58 Vgl Kaufmanns Position im Sprachenstreit (s.u., S.48-51).

während seines anderthalb Jahrzehnte dauernden Aufenthaltes im deutschsprachigen Raum auch eine ansehnliche deutsche Bibliographie zu publizieren, die seine außergewöhnliche Sprachbegabung dokumentiert. Mit präzisem Ausdruck und prägnant gehaltenen syntaktischen Strukturen erreichte er einen in der deutschen geisteswissenschaftlichen Publizistik auffallend klaren Stil.

Ferner ist die Verbreitung der europäischen Haskalah in Rußland sowohl für Kaufmanns kulturelle Bildung als auch für seine wissenschaftliche Methodik entscheidend: Durch seine traditionelle Schulbildung lernte Kaufmann die reiche jüdische Überlieferung gründlich kennen. Zugleich war er frühzeitig mit den in der westeuropäischen Wissenschaftstradition entwickelten kritischen Methoden historischer Forschung vertraut: Sie können ihm spätestens durch seine Odessaer und Petersburger Lehrer vermittelt worden sein.

# Odessa — Chaim Tschernowitz' Moderne Jeschivah

Möglicherweise dem Rat Fichmans[59] folgend[60] ging Kaufmann 1907[61] nach Odessa an die von Rav Chaim Tschernowitz geleitete Jeschivah; während Kaufmanns dreijährigem Aufenthalt dort entwickelte sich eine intensive und bereichernde Freundschaft, durch die sich der junge Kaufmann dem älteren Tschernowitz wie einem Vater verbunden fühlte:[62] In Kaufmanns Schweizer und Berliner Jahren kreuzten sich ihre Wege erneut, und es kam zu einer intensiven, ein gutes halbes Jahrzehnt dauernden wissenschaftlichen Zusammenarbeit.[63]

Von Kaufmann selbst ist über seine Odessaer Jahre zu erfahren:[64]

"Während meines dreijährigen Studiums an der genannten Hochschule (sc: *Modernen Jeschivah* ) habe ich auch die ansehnliche, meist hebräische Hochschulbibliothek geleitet."

Vier Jahrzehnte später erinnerte sich Kaufmann wie folgt an Chaim Tschernowitz und an dessen *Moderne Jeschivah* :

"Rav Za'ir (sc: Tschernowitz) war ein Reformator. Sein Verlangen nach Reform war im Nationalismus verwurzelt. Er übernahm die Sichtweise Ahad Ha-Ams, daß das We-

---

59 *Ya'akov Fichman:* יעקוב פיכמן, 1881-1958, Dichter und Kritiker; ab 1936 Herausgeber von מאזנים.
60 So *KRESSEL* (740), der weder die Umstände und den Charakter dieser frühen Bekanntschaft erläutert noch auf entsprechende Quellen oder Sekundärliteratur verweist. Jedenfalls enthalten die erhaltenen, sehr herzlichen Briefe Fichmans an Kaufmann zu publizistischen Angelegenheiten (*Kaufmann Archive*, no 115) aus den Jahren 1938-43 keinerlei aufschlußreiche Nachrichten über eine frühere Verbindung.
61 Dieses Datum ist in Kaufmanns *Lebenslauf* festgehalten (s.u., S.116).
62 Tschernowitz' väterliche Wärme für Kaufmann ist in zahlreichen Briefen dokumentiert (*Kaufmann Archive*, no 112 ע). — Seinerseits schrieb Kaufmann Tschernowitz' Hinterbliebenen: "Ich bin mit Euch verwaist" (meine Übersetzung), (Heb) "letter of condolence", *Bitzaron* 20(1949)223.
63 Vgl *Bitzaron* 20(1949)155-156 sowie Nachfolgendes.
64 *Lebenslauf,* s.u., S.116.

sen des pharisäischen Judentums die Einheit der Torah und des Lebens ist, jene lebendige Verbindung zwischen der Torah einerseits und andererseits dem Volk, der Zeit und deren Anforderungen. Er liebte die Tradition in ihrer Ganzheit, obgleich er nichts für verknöcherten, versteinerten Konservatismus übrig hatte. Er träumte von der Wiederherstellung der Macht des Rabbinentums. Er wies die Ansicht ... zurück, daß die Rabbinenschaft nicht volksnah, sondern durch die Grenzen des Buches beschränkt und vom Staub trockener Gebote mumifiziert sei. Nach seinem Dafürhalten stand die Rabbinenschaft dem Volke näher als 'die Gerechten' (הצדיקים׳) des Hassidismus, die sich als Vermittler göttlichen Segens verstanden. Die Rabbinen lebten unter dem Volk, sorgten sich um die Verbesserung von Lebensbedingungen, nahmen sich der Alltagsfragen des Volkes an. Bei ihnen kam die Einheit der Torah und des Lebens zum Ausdruck. Das Zurückgehen der Macht der Rabbinenschaft sei Indiz einer inneren Schwächung der Nation. Er meinte, die Rabbinenschaft müsse sich auf der Grundlage der nationalen Bewegung erneuern. Er wollte eine neue Generation von national gesonnenen, Torah liebenden Rabbinen heranziehen, welche das Kapitel des pharisäischen Judentumes fortsetzen würden, die die Wiedererstehung der Nation und deren Torah tragen würden. Er erfaßte nicht jenen Gegensatz, der zwischen dem Buch und dem Leben besteht. Für ihn selbst waren beide ein und dieselbe Autorität. In diesem Geiste gründete er 'die Jeschivah' in Odessa. Die Zeit der 'Jeschivah' war seine erfüllteste Zeit. Mit Vertrauen, mit Enthusiasmus und mit Energie baute er dieses Institut auf, welches eine neue Generation national gesonnener Rabbinen hervorbringen sollte, die das lebendige, sich erneuernde Judentum tragen würden."[65]

---

[65] Kaufmann, Y., (Heb.) "On the Personality of Rav Tzair", *Bitzaron* 20(1949) 155-157, 234; Zitat (meine Übersetzung): 156-157. — Obgleich Kaufmann die Ziele und Träume seines Lehrers nachzufühlen vermochte, hatte er freilich Zweifel, ob die zitierten Vorstellungen Tschernowitz' im jungen jüdischen Staat überhaupt zu verwirklichen waren: "Seine (sc: Tschernowitz')

Seit der Gründung Odessas, Ende des achtzehnten Jahrhunderts, waren zahlreiche Juden in die südliche Hafen— und Handelsstadt gezogen; im Vergleich zum übrigen Rußland bot Odessa den Juden ungewöhnlich günstige Voraussetzungen zu wirtschaftlicher und kultureller Entfaltung.[66] Als Kaufmann 1907 nach Odessa kam, war es mit über 100000 jüdischen Einwohnern[67] nach dem kongreßpolnischen Warschau das zweitgrößte Zentrum des Ansiedlungsrayons sowie das zweitgrößte jüdische Zentrum des Zarenreiches. Auf Grund soziologischer Gegebenheiten nahm sich die Kultur dieses jüdischen Zentrums als in hohem Maße heterogen aus: Es gab reichlich Möglichkeit zu Kontakt mit Westeuropäern. In Odessa lebten neben zahlreichen russifizierten Juden Vertreter der jiddischen und der hebräischen Haskalah. Auch war Odessa um die Jahrhundertwende eines der wichtigsten Zentren der jüdischen Nationalbewegung: Hebräische Literaten von Rang und Namen hatten sich dort versammelt, war es doch die Heimat der mit Ahad Ha-Ams Namen verbundenen *Hibbat Zion* -Bewegung sowie Sitz hebräischer Verlagshäuser und Literaturzeitschriften.

---

Hoffnung, ins Land Israel einzuwandern, ging nicht in Erfüllung. Das ergab sich aus einer Kombination von Zufällen. Und doch ist dies nicht nur Zufall. Vielleicht eignet all diesem etwas Symbolisches: Hätte sein Traum im Lande Israel sich überhaupt erfüllen können? War nicht die richtige Zeit schon vorüber? Oder vielleicht ist die richtige Zeit noch nicht gekommen? Die Antworten kennt Gott." *A.a.O.*, 157 (meine Übersetzung).

[66] Zu Odessa vgl Dinur, *a.a.O.;* Herlihy, *a.a.O.*, 251-258. — Zur Sonderentwicklung des jüdischen Kulturlebens in Odessa vgl die Studie von Zipperstein, S.J., *The Jewish Community of Odessa from 1794-1871: Social Characteristics and Cultural Development,* Dissertation, University of California, Los Angeles 1980.

[67] Slutsky, *a.a.O.*, 27 gibt für 1887 die Zahl der jüdischen Einwohner mit 138915 an. — Anders Dinur, *a.a.O.*, 1320: "c. 25% (75000 persons) in 1887, and 34,4% (165000) upon the eve of World War I"; (die angegebenen Prozentwerte beziehen jeweils sich auf die Gesamtbevölkerung). — Baron, *a.a.O.*, 57 beziffert die Zahl der jüdischen Bevölkerung für 1905 auf 160000 (vgl *a.a.O.*, 67-68, 363, Anm 6). — Die ausführlichsten statistischen Daten werden von Herlihy, *a.a.O.*, 251-252 angeführt; für das Odessa, welches Kaufmann kennenlernte, ist ihre Mitteilung wichtig, die in den zitierten Titeln allerdings nicht gemacht wird: Nach Herlihy, *a.a.O.*, 258, 307-308 war die 1904 mit 160000 Einwohnern bezifferte jüdische Bevölkerung im Gefolge des blutigen Oktoberpogromes 1905 um fast 50000 Auswanderer zurückgegangen.

Zugleich beheimatete Odessa die Zentralen verschiedener zionistischer Organisationen.

Im Jahr 1909 erschien Kaufmanns erste Publikation, seine einzige belletristische Schöpfung, nämlich eine hebräische Kurzgeschichte mit dem Titel "Töne der Großstadt"[68]. Sie beschreibt die seelische Krise eines jungen Mannes, Shmuel, der aus einer kleineren jüdischen Siedlung in eine unbenannte russische Großstadt gekommen ist, dann arbeitslos wird und vor dem materiellen Nichts steht. Es ist nicht dokumentiert, daß Kaufmanns sicherlich ärmliche Existenz als Jeschivahstudent mit jener des erwerbslosen Shmuel tatsächlich identisch gewesen wäre. Indessen ist denkbar, daß Shmuel ähnliche seelische Krisen erleidet, wie sie sein aus Dunajewzi stammender Autor während seiner Odessaer Jahre durchlebt hatte.

Wegen seines Bestrebens zu reformieren war Rav Chaim Tschernowitz als "der Rav Za'ir", der junge Rabbiner, bekannt, und seine Jeschivah wurde als "die Moderne —" oder als "die Große Jeschivah" oder einfach als "die Jeschivah" bezeichnet.[69] Außer Tschernowitz selbst lehrten an *der Jeschivah* Chaim N. Bialik, Joseph Klausner u.a.. Neben Bibel, Talmud, hebräischer Grammatik u.ä. wurden "die profanen Disziplinen" — Profangeschichte, Russisch, Geographie etc — gelehrt. Mit ihrem hohen Niveau zog die Moderne Jeschivah die jüdische Jugend aus allen Teilen Osteuropas an:

"Die Jeschivah wurde zu einem geistigen Zentrum und für einige ausgezeichnete junge Männer von hohem geistigen Niveau zum Anziehungspunkt; aus ihr sind eine Reihe kluger Gelehrter und Autoren hervorgegangen, die in unserer Zeit mit Glanz in unserer Literatur aufstrahlen ... Auf viele gute und begabte junge Männer Rußlands, die aus der Ferne von der Jeschivah träumten, übte sie die Anziehungskraft eines Magneten aus."[70]

---

[68] *KAUFMANN, Großstadt.*
[69] Dazu vgl Mikliszanski, J.K., "Tchernowitz, Chaim", *EJ* 15(1971)883-884.
[70] Tchernowitz, Chaim, (Heb.), *Autobiography*, New York 1954, 193 (meine Übersetzung).

Ebenfalls ein halbes Jahrhundert später faßte der von der Modernen Jeschivah angezogene Kaufmann zusammen, wie er deren Atmosphäre als vom hebräischen Nationalismus bestimmt erlebt hatte:

"In jener Zeit (sc: in der junge Leute zur Modernen Jeschivah kamen, welche sie als das 'Javneh' ihrer Zeit betrachteten) war alles in Verwirrung, und ein Gährungsprozeß war im Gang. Auch die voraufgehende Generation, welche den Heder, die Jeschivah und den Beth Midrasch verlassen hatte, um sich der europäischen Aufklärung und der nationalen Bewegung (התנועה הלאומית) zuzuwenden, war von Verwirrung erfüllt. Der Übergang war mit einer tiefgehenden Umwertung von Werten verbunden, mit einer neuen Definierung des Verhältnisses zum religiösen Judentum. Es war die Stunde des 'Tohuwabohu, die Stunde, als sich die Bereiche vermengten'. Indessen hatte sich jene Generation dem Lichte *Ahad Ha-Ams* zugewandt. Die Lehre Ahad Ha-Ams verlieh der historischen Vergangenheit Israels einen positiven Wert. Sie wollte das Erbe der Vergangenheit gegen Zerstörung sichern. Sie verteidigte jenes gegen die negative rationalistische Kritik der Aufklärungsgeneration. Sie setzte voraus, daß im historischen Ablauf ein Sinn stecke und daß dessen Ereignisse auf ein Ziel ausgerichtet seien. Es gäbe kein Volk, das aus intellektueller Größe Aktivität und Kreativität entfalte. Die Taten eines Volkes seien motiviert und geleitet vom Lebensinstinkt, der auf bewußte oder unbewußte Weise wirksam sei. Nach dieser Lehre war nicht nur die Schöpfung Israels in der Antike natürlich und ein natürlicher Lebensausdruck, sondern ebenso erfüllte die Schöpfung des Exiljudentums eine lebenswichtige Rolle in der Geschichte Israels. Auch in dieser Schöpfung war der nationale Lebensinstinkt wirksam. Die nationale Bewegung müsse das gesamte Erbe der Vergangenheit wertschätzen. Überall in ihr hatte der Geist des Volkes gewirkt. Alle ihre Werte hatten eine Aufgabe im Existenzkampf des Volkes zu erfüllen. Dies war auch die ideologische Atmosphäre der 'Jeschivah' in Odessa gewesen. Der Gründer der Jeschivah lebte und wirkte in jenem Kreis, der von den Ideen Ahad Ha-Ams bestimmt war. Er wollte ein religiöses Judentum auf eine nationalistische Grundlage stellen. Schüler Ahad Ha-Am's waren auch *Bialik und Klausner,* welche zum Lehrkörper der 'Jeschivah' zählten und einen starken Einfluß auf deren Studenten ausübten."[71]

Die zitierten Erinnerungen rufen eine Atmosphäre wach, in der ideelle Fragen mit großer Leidenschaftlichkeit diskutiert wurden. Für nationalistische Kreise mag dies bemerkenswert anmuten, insbesondere wenn die Verfolgungen in Rechnung gestellt werden, die nationalistisch und anders gesonnene Juden im Zarenreich zu erleiden hatten. Obgleich sie um ihr physisches Überleben zu kämpfen hatten, war die offene Frage der ideellen Grundlagen, von denen die Zukunft der jüdischen Gemeinschaft abhing, diesen Nationalisten ein existentielles Anliegen. Insofern es dabei letztlich um ethische Fragen ging, unterschied sich der nationalistische Geist an der Modernen Jeschivah von jenem "zoologischen Nationalismus",[72] der im damaligen Europa Zeitgeist war. Diese Besonderheit ist auch durch einen frühen, freilich sehr polemisch verfassten Text Kaufmanns dokumentiert, mit dem er sich wenige Jahre später, während des Weltkrieges, an die deutschsprachige jüdische Öffentlichkeit wandte.[73]

Nichtsdestoweniger waren die Studenten der Modernen Jeschivah für die materiellen Bedürfnisse ihres Volkes durchaus empfänglich:

"Man kann sagen, die allgemeine Atmosphäre an der 'Jeschivah' war jene 'Javnehs', die Stimmung religiös-nationaler Romantik. Der beherrschende Einfluß war derjenige Ahad Ha-Ams, des Rav Za'ir, Klausners und Bia-

---

[71] *KAUFMANN, (Wisslavsky),* 1-2 (meine Übersetzung).
[72] Vgl Dubnow, *Mein Leben,* 117 (der an dieser Stelle ein Wort von Wl. Solowjew aufgreift).
[73] Kaufmann, J., "Die hebräische Sprache und unsere nationale Zukunft", *Der Jude* 1(1916/17)407-418; zu dieser Publikation s.u., S.48-51.

liks. ... Andererseits war auch die Atmosphäre der russischen Revolution nicht ohne Einfluß. Die Ideen der Revolution, deren Wirtschaftskonzeption interessierten die Studenten der 'Jeschivah'. Sie interessierten sich für die Werke Marx', Engels und Plechanows. Die wissenschaftliche Lehre des historischen Materialismus wirkte elektrisierend auf die Herzen, gleich einem Blitz. War es möglich, die Geschichte Israels mit dieser Lehre zu erhellen? Es interessierten die Fragen des Zionismus, der sozialistische Zionismus, der 'Bund'."[74]

War Ahad Ha-Ams Einfluß für die geistige Atmosphäre der Modernen Jeschivah maßgeblich, so bedeutete Kaufmanns Rebellion gegen jenen eine wichtige Weichenstellung in der Entwicklung seines eigenen Denkens. Zwar läßt sich das genaue Datum seiner Rebellion nicht feststellen, jedoch wird diese Auseinandersetzung während der Odessaer und Petersburger Jahre stattgefunden haben. Aus dieser Zeit ist bekannt, daß sich Kaufmann nicht gescheut hat, selbst gegenüber einem entrüsteten Brotgeber, der seinerseits passionierter Anhänger Ahad Ha-Ams war, seine Kritik an jenem damals angesehensten Ideologen der jüdischen Nationalbewegung zu vertreten.[75] In jenen Jahren störte sich Kaufmann an Ahad Ha-Ams eklektischem, mitunter relativistischen Denken, dem gründliche Analyse abginge; letztere legte er in seinem Angriff auf Ahad Ha-Am vor, der dann in Ahad Ha-Ams Festschrift abgedruckt wurde, kurz nachdem Kaufmann Rußland verlassen hatte. Zugleich kritisierte er Ahad Ha-Ams evolutionistische Konzeption der Geschichte:[76] Grundsätzlich verkenne Ahad Ha-Am die historische Realität, indem er das Judentum als säkulares Phänomen begreifen wolle, ohne die Bedeutung der Religion in Israels Existenz in Rechnung zu stellen. Im übrigen begehe er einen kardinalen Fehler, da er Existenz und Überleben der Nation mit dem nationalen

---

[74] *KAUFMANN (Wisslavsky)*, 2 (meine Übersetzung).
[75] Die Tochter Haiim Barons berichtete, daß ihr Vater, der Kaufmann als Hauslehrer angestellt hatte, über die Kritik seines jungen Bediensteten an Ahad Ha-Am empört gewesen war. (Vgl *KCJ* IX, Anm 5.)
[76] *KAUFMANN (Ahad Ha-Ams Judentum)*; zur Relevanz dieses Essays für Kaufmanns intellektuelle Entwicklung, s.u., S.41-44.

Lebenswillen und dem Lebensinstinkt des Volkes in Verbindung bringe. Er verkenne historische Phänomene, weil er sie nicht zu differenzieren vermöge; dies führe zu bedenklichen Schwachpunkten in seinen Darlegungen.[77]

Vor diesem Panorama ist die intensive Leidenschaftlichkeit erahnbar, welche für die Auseinandersetzungen unter den existentiell betroffenen jüdischen Nationalisten charakteristisch war. Dieser Umstand ist zumindest partiell aufschlußreich für den auffallend polemischen Stil, der jedoch nicht nur Kaufmanns Frühwerk bestimmt,[78] sondern auch in Gestalt eines "typically scholastic style of free-swinging polemic"[79] in den späteren religionsgeschichtlichen und exegetischen Arbeiten anzutreffen ist.

Für Kaufmanns Beitrag zur Religionsgeschichte Israels ist seine Odessaer Zeit nicht nur wegen des äußerlichen Argumentationsstiles relevant. Inhaltlich bedeutsamer ist ein methodischer Aspekt: Falls Kaufmann in seiner Jugend in Dunajewzi noch nicht mit historisch-kritischen Methoden westeuropäischer Wissenschaftstradition konfrontiert worden ist, sind sie ihm spätestens durch seine Lehrer an der Modernen Jeschivah — Tschernowitz, Bialik und Klausner — nahegebracht worden.[80]

---

[77] Zu Ahad Ha-Am und seinem Denken vgl Ehrenpreis, M., "Achad Haam", *EJ(D)* 1(1928)683-694; Schweid, Eliezer, "Ahad Ha-Am", *EJ* 2(1971)440-448 sowie die dort jeweils verzeichnete Literatur.
[78] Dazu s.u., S.48-51.
[79] Greenberg, M., *BACC*, 11 (in "Preface to the Reissue", 1985).
[80] Vgl *GLATZER*, 2.

# Petersburg — Baron David Günzburgs Akademie für Jüdische und Orientalische Studien

Zwar ist der genaue Zeitpunkt nicht dokumentiert, da Kaufmann sein in Odessa begonnenes Studium in Petersburg an der von Baron David Günzburg gegründeten *Akademie für Jüdische und Orientalische Studien*[81] fortsetzte; indessen läßt er sich mit befriedigender Genauigkeit rekonstruieren.

Noch ein halbes Jahrhundert später gedachte Kaufmann des Barons als "seines Lehrers und Meisters"[82]; demzufolge hätte Kaufmann Gelegenheit haben müssen, die Lehrveranstaltungen des Barons als bereichernd zu erleben — u.U. in jener frühen, von Shazar so lebendig beschriebenen Phase, als die Lehrveranstaltungen der in den Kinderschuhen steckenden Akademie noch ausschließlich von dem Baron in den Räumen seiner Privatbibliothek[83] gegeben wurden.[84] Nun gibt Kaufmann den Beginn seines

---

[81] Zum zeitgeschichtlichen Kontext dieses Instituts vgl den autobiographischen Bericht des dritten Präsidenten Israels, Zalman Shazar (manche seiner exegetischen Arbeiten sind unter seinem früheren Namen, Shneur Zalman Rubashov, veröffentlicht): "Baron David Günzberg (sic) and his Academy", *The Seventy-Fifth Anniversary Volume of the Jewish Quarterly Review,* edited by Neuman, A., and Zeitlin, S., Philadelphia 1967, 1-17. Shazar zeichnet ein farbiges Porträt des Barons (9ff) und läßt auf lebendige Weise intellektuelle und politische Persönlichkeiten der ihm voraufgehenden sowie seiner eigenen Generation Revue passieren, welche bis zum Herbst 1910 an der Akademie verkehrten: Haim Bialik, Joseph Klausner, Salomon Zeitlin (5), sowie Joseph Trumpeldor (6-7). — Jener als "Professor Kaufmann" genannte Herausgeber des jiddischen Manuskriptes der Erinnerungen der *Glückel von Hameln* (8) meint *David Kaufmann* (1852-1899). *Yehezkel Kaufmann* wird in diesem Aufsatz überhaupt nicht erwähnt, ebensowenig *Joshua Gutmann.* Indessen beinhaltet Shazars 1963 veröffentlichter Nachruf auf Kaufmann (vgl *SHAZAR*) interessantes Material über Kaufmanns Petersburger Zeit (dazu s. Fortsetzung).

[82] Der Aufsatz, *KAUFMANN (Levitenstädte),* (1958), trägt die Widmung:
‫לזכר מורי ורבי הברון דוד גינצבורג ז״ל‬.

[83] "His (sc: Baron David Günzburg's) library, which had one of the most important collections of Judaica, was one of the largest in private ownership in the world, and contained a valuable collection of manuscripts and books, including incunabula (presently in the Lenin State Library in Moscow)." Katz, Simha, "Guenzburg", *EJ* 7(1971) 960-963, Sp. 963; vgl ferner Markon, I., "Baron David Günzburg", *EJ(D)* 7(1931)726-727, Sp. 726. — Isaac Dov Ber Markon (1875-1949), langjähriger wissenschaftlicher Mitarbeiter des Barons, lehrte von 1908-11 an dessen Akademie (vgl Shazar, "Günzburg

35

Petersburger Studiums an mit "im Jahre 1910/11"[85]. Aus chronologischen Gesichtspunkten kann dieses Datum mit der voraufgehenden Rekonstruktion jedoch nur übereinstimmen, wenn diese Angabe Kaufmanns bereits Phasen der ersten Hälfte des Jahres 1910 einschliessen sollte: Der gegen Jahresende verstorbene Baron war bereits nach der Sommerpause 1910 totkrank gewesen.[86] Demnach müßte Kaufmann noch vor der Sommerpause an der Akademie eine ausreichende Zeit lang studiert haben, um den Baron als "Lehrer und Meister" schätzen und ehren zu lernen — es sei denn man wollte die Aussage dieser Widmung als Rhetorik verstehen. Nichtsdestoweniger ist es merkwürdig, daß mit "im Jahre 1910/11" etwa der Sommer 1910 gemeint sein sollte. Indessen erscheint diese Interpretation möglich mit Blick auf einen weiteren, nur ungefähr genannten Zeitraum, in dem sich jedoch der gemeinte Termin auf den Tag genau rekonstruieren läßt: "Im Jahre 1913/14 kam ich nach der Schweiz..."[87] bedeutet, daß Kaufmann ab dem 29.11.1913 in Zürich wohnhaft war.[88] Analog könnte "im Jahre 1910/11" bedeuten, daß Kaufmann in der ersten Jahreshälfte 1910 an die Akademie des von ihm geschätzten Barons gekommen war.

War Odessa zu Beginn des 20. Jahrhunderts das zweitgrößte jüdische Zentrum des Zarenreiches und eines der wichtigsten Zentren der jüdischen Nationalbewegung, so war Petersburg mit seiner relativ kleinen jüdischen Bevölkerung[89] für die russische Judenheit zu einem bedeutenden politischen und kulturellen Zentrum

and his Academy", 9). Es liegt nahe, daß sich Markons und Kaufmanns Wege in den zwanziger Jahren in Berlin erneut gekreuzt haben, als beide Beiträge zur hebräischen Enzyklopädie אשכול sowie zur *Encyclopaedia Judaica. Das Judentum in Geschichte und Gegenwart* verfaßten. Indessen ist diese Bekanntschaft in Kaufmanns Nachlaß nicht dokumentiert. Zu I.Markon vgl *EJ* 11(1971)1006-1007.

[84] Vgl Shazar, "Günzburg and his Academy", 10.

[85] *Lebenslauf*, s.u., S.116.

[86] So Shazar (*a.a.O.*, 16-17), der den Eindruck vermittelt, daß der Baron schon sehr bald nach der Sommerpause gestorben sei. Dagegen gibt Markon (*a.a.O.*, 727) den 22.12.1910 als den Todestag des Barons an.

[87] *Lebenslauf*, s.u., S.116.

[88] S.u., Anm 126.

[89] Dazu vgl Slutsky, Y., "Leningrad", *EJ* 11(1971)14-17: 1887 zählte die jüdische Bevölkerung 17254 — 1,4% der Gesamtbevölkerung (*a.a.O.*, 15).

geworden.[90] Obgleich nur die wenigsten in der außerhalb des Ansiedlungsrayons liegenden Hauptstadt eine Aufenthaltsgenehmigung erhalten konnten,[91] zog sie viele Juden an: Hier konnten jüdische Interessen am Hofe vertreten werden,[92] und wegen der scharfen staatlichen Zensur wurde die Hauptstadt von einer Reihe wichtiger jüdischer Zeitungen und Zeitschriften aus praktischen Überlegungen bevorzugt.

In der Zeit um die Jahrhundertwende zählte der hochgelehrte Baron David Günzburg zu jener Minderheit innerhalb des russischen Judentums, welche *die Wissenschaft des Judentums*[93] aufgriffen, weil sie deren methodische Stärken erkannten, diese aber dennoch für verbesserungsbedürftig hielten.[94] Obgleich der umfassend und polyglott gebildete Baron[95] die Spezialisierung auf

---

[90]  Zum Petersburg jener Jahre vgl Dubnow, *Mein Leben*, 178-189.

[91]  Der Verwalter des Barons hatte sich um die Aufenthaltsgenehmigungen der Akademiestudenten zu kümmern: Durch Bestechungsgelder wurden Handwerkszeugnisse und die Gunst der zuständigen Polizeibeamten erworben (vgl Shazar, "Günzburg and his Academy", 4).

[92]  Diese Möglichkeit beschränkte sich weitgehend auf den Einfluß der Barone Günzburg (vgl Katz): etwa der erfolglose Versuch des Barons Horaz Günzburg, 1881 Alexander III zu überreden, der von Obrigkeits wegen geförderten Pogromwelle Einhalt zu gebieten (vgl Dubnow, *Weltgeschichte...*, X, 131-132; Baron, *a.a.O.*, 45-46).

[93]  Bezüglich Veranlassung und geistesgeschichtlichen Voraussetzungen der *Wissenschaft des Judentums* vgl Ettinger, *a.a.O.*, 137-143; ausführlicher Dinur, "Wissenschaft des Judentums", *EJ* 16(1971)570-583; ferner Glatzer, Nahum N., "The Beginnings of Modern Jewish Studies", *Studies and Texts II, Studies in Nineteenth-Century Jewish Intellectual History*, edited by Altmann, Alexander, Cambridge (Massachusetts) 1964, 27-45, der selbst auf die frühesten mittelalterlichen Vorläufer historisch-kritischen Arbeitens eingeht.

[94]  "Very few and very distinguished were those Russian Jews who were spiritually rooted in Eastern Europe but open to the West, aspiring to graft Western scientific method upon the profound traditional learning of Eastern Jewry. This synthesis, they felt, would be the salvation of *Wissenschaft des Judentums* itself, as well as a blessing to the development of Russian Jewry." Shazar, "Günzburg and his Academy", 1.

[95]  "He (sc: Baron David Günzburg) specialized in oriental subjects and linguistics, and medieval Arabic poetry, in the universities of St. Petersburg, Greifswald ... and in Paris, ... . David gained a knowledge of most Semitic languages ... ." (Katz, 962.) — "A uniquely interesting world opened before us when he (sc: Baron David Günzburg) lectured on Hebrew philology. Equipped with extraordinary knowledge, he seemed to swim through seas of lexicography. He was said to master thirty-six languages and all the intricacies of their respective grammars." (Shazar, "Günzburg and his

scharf definierte Fachgebiete als eine ungute Eingrenzung empfand, holte er die qualifiziertesten Judaisten Rußlands an die Petersburger Akademie, um die Lehre aller relevanten Disziplinen zu gewährleisten:[96] sämtliche Epochen der jüdischen Geschichte von der biblischen Zeit bis zur Neuzeit; apokryphe und pseudepigraphische Literatur; Mischnah, Talmud; Philologie, Orientalistik; mittelalterliche Bibelexegese und Literatur; Rechtsgeschichte; jüdische Sozial— und Wirtschaftsgeschichte. In methodischer Hinsicht war die Lehre dieser historischen Disziplinen der westeuropäischen Wissenschaftstradition verpflichtet.[97]

Neben dem Baron war der Historiker Simon Dubnow[98] eine wichtige Persönlichkeit im Lehrkörper der Akademie; seine Sicht der jüdischen Geschichte lieferte allwöchentlich — wenn nicht täglich? — Sprengstoff, an dem sich hitzige Diskussionen über brisante Fragen entzündeten, die für die Studentenschaft der Akademie von existentieller Bedeutung waren:

> "Jeden Donnerstagabend hielt unser Lehrer Rav S. Dubnow Vorlesung. Sein Auftreten in Petersburg in jenen Jahren nach der ersten Revolution war ein großes Bildungsereignis, und seine Vorlesungen waren eine Art Bezugs— und Mittelpunkt für das gesellschaftliche Leben der jüdischen Jugend mit ihren unterschiedlichen Ansichten, die sich zu unterschiedlichen Strömungen rechnete und von unterschiedlichen Wünschen beseelt war... es

---

Academy", 11.) — Der Baron veröffentlichte in Russisch, Französisch, Hebräisch und Deutsch; dazu sowie zu seiner Bibliographie vgl Katz, *a.a.O.*, 962-963.

[96] Vgl Shazar, "Günzburg and his Academy", 2ff.

[97] Shazar berichtet, daß ihm bei seinen späteren Besuchen in Seminaren bei Friedrich Meinecke in Freiburg und Eduard Meier in Berlin deutlich wurde, wie gründlich er die historischen Methoden bereits in Simon Dubnows Petersburger Seminaren erlernt hatte; vgl Shazar, "Günzburg and his Academy", 7-8.

[98] Der voraufgehend wiederholt zitierte autobiographische Titel Dubnows, *Mein Leben*, enthält keinerlei Erinnerungen an die Petersburger *Akademie für Jüdische und Orientalische Studien;* möglicherweise zählen sie zu jenen umfangreichen Partien, die der verkürzenden deutschen Übersetzung zum Opfer gefallen sind (vgl *a.a.O.*, 7-8).

waren nur wenige, die sich als Dubnowisten (דובנוביסטים) sahen, vielleicht waren es überhaupt keine. Aber die Lehre, die er ... darlegte über die Kontinuität der hebräischen Geschichte und über die Macht der Kräfte, welche die hebräische Geschichte bauen und welche die Einheit des Volkes bewirken, fiel auf sehr fruchtbaren Boden, nämlich unmittelbar in die Herzen, wo sie sofort keimte und Frucht trug: eine stürmische Auseinandersetzung. Ich erinnere mich, daß wir ..., nachdem Dubnow seine Vorlesung beendet hatte, bis zu später Stunde im gleichen Saal sitzenzubleiben pflegten und der Streit den Raum 'der Akademie' erfüllte, noch viele Stunden nachdem Dubnow den Saal verlassen hatte. Unter den Streitenden befanden sich einige, die sozusagen verurteilt waren, jene Auseinandersetzung ihr Leben lang fortzusetzen.
Damals war Yehezkel Kaufmann der Schweigende unter uns, der Konzentrierte unter uns ..."[99]

M.W. sind keine Äußerungen Kaufmanns über Dubnow erhalten. Dokumentiert ist eine gegenseitige Hochachtung, die sie verband.[100] Jedenfalls zählte Kaufmann zu jenen Hörern Dubnows, die sich ihr Leben lang, wie Dubnow selbst, intensiv mit der jüdischen Geschichte auseinandergesetzt haben.


Biographisch ist von Interesse, daß Kaufmann mit einer gründlichen Bildung in Judaicis ausgestattet war, noch bevor er eine westeuropäische Universität besuchte. Wie im folgenden präzisiert werden soll, hatte er bereits in Rußland mit historisch-kritischen Methoden gearbeitet. Unter diesen Voraussetzungen mußten die zu Beginn des Jahrhunderts verbreiteten, historisch

---

99 *SHAZAR*, 59, 2.-3.Sp (meine Übersetzung).
100 Zwei Postkarten Dubnows vom 2.3.30 und vom 4.2.31 (*Kaufmann Archive*, no 115 ד). Ferner nennt Kaufmann u.a. auch Dubnow als Referenz, als er sich Anfang 1925 um eine Bibliothekarsstelle bei der jüdischen Gemeinde Berlin bewirbt (dazu s.u., S.56-57).

anfechtbaren Hypothesen der Wellhausenschule über wichtige Aspekte der Geschichte der biblischen Religion Kaufmann äußerst fragwürdig erscheinen. Denn hatte er in seiner Jugend die historisch-kritischen Methoden kennengelernt, mit denen er später das ihm von Kindesbeinen an vertraute jüdische Schrifttum aus der Zeit des Zweiten Tempels auswertete, so war er zu qualifiziert, um die letztlich systematisch-theologisch präjudizierten Ansichten Wellhausens sowie vieler seiner Schüler über das nachexilische Judentum nachzuvollziehen.[101]

---

[101] Mit Blick auf die systematisch-theologischen Prämissen der Wellhausen verpflichteten Forschungstradition vgl Weinfeld, M., *Getting at the Roots of Wellhausen's Understanding of the Law of Israel. On the 100th Anniversary of the Prolegomena*, The Institute for Advanced Studies. The Hebrew University of Jerusalem, Report No 14/79, Jerusalem 1979. Diesbezüglich sei ferner der Hinweis auf Teil I meiner im Vorwort erwähnten, noch nicht veröffentlichten Arbeit gestattet. Dort wird u.a. die Problematik jener Kompetenz thematisiert, für die Wellhausen ausgerechnet in Judaicis immer wieder gerühmt worden ist.

# Erste essayistisch-wissenschaftliche Publikationen

Als Kaufmann in der zweiten Hälfte des Jahres 1913 Rußland verließ, hatte er bereits die methodischen Fertigkeiten für sein exegetisches Lebenswerk erworben, welches er jedoch erst viele Jahre später detaillierter zu entwickeln begann. Ferner ist dokumentiert, daß zumindest im Ansatz wesentliche intellektuelle Koordinaten seines Lebenswerkes definiert waren, noch bevor er eine westeuropäische Universität besuchte. Bereits im Sommer 1913, noch nicht vierundzwanzigjährig, hatte er seinen Angriff auf Ahad Ha-Am, der damals zu den bedeutendsten Ideologen der jüdischen Nationalbewegung gerechnet wurde,[102] mit seinem Jugendfreund Zwi Wisslawsky diskutiert.[103] In diesem Essay mit dem Titel, "Das 'Judentum' des Ahad Ha-Am"[104], zeichnen sich bereits entscheidende Charakteristika Kaufmannschen Denkens ab.

Dieser frühe Text aus Kaufmanns Feder kann hier ausschließlich in Bezug auf die Entwicklung seines Denkens berücksichtigt werden; unter diesem Gesichtspunkt kommen spezifische Inhalte des Angriffes auf Ahad Ha-Am und auf andere Denker der jüdischen Nationalbewegung zur Sprache, ohne daß jedoch auf sie eingegangen werden kann.[105]

Obgleich in diesem Essay in der Hauptsache historische Aspekte erörtert werden, ist die an Ahad Ha-Ams Werk vorgebrachte Kritik philosophischen Charakters: nicht nur, insofern Kaufmann Ahad Ha-Am wegen methodischer Unsauberkeiten kritisiert oder ihn wegen seiner als bedenklich empfundenen philosophischen Traditionen angreift; vielmehr ist bemerkenswert, daß Kaufmanns eigenes System bereits im Kern angelegt ist: Angelpunkt dieser Kritik an Ahad Ha-Am ist Kaufmanns Auffassung, daß das *Daß* der Metaphysik in der biblischen Religion auch in allen späteren Epochen die ewige und feststehende Grundlage des Judentums

---

[102] Zu Ahad Ha-Am s.o., S.27ff.

[103] *WISSLAVSKY*, 265ff.

[104] Vgl *KAUFMANN (Ahad Ha-Ams Judentum);* ferner s.o., S.32f.

[105] Zu Ahad Ha-Ams Denken vgl die angegebene Literatur (s.o., Anm 77). — Außerdem hat Kaufmann selbst Ende der zwanziger Jahre einen Artikel über die geistesgeschichtliche Bedeutung Ahad Ha-Ams veröffentlicht; vgl *KAUFMANN (Ahad Ha-Am, Grundzüge).*

sei.[106] Mit eben dieser Konzeption steht und fällt dann auch Kaufmanns Monotheismusbegriff, den er in den folgenden zwei Jahrzehnten weiterentwickelt: Als Kaufmann in den dreißiger Jahren in seiner *Israelitischen Religionsgeschichte* seinen Monotheismusbegriff in dessen Endgestalt in die Diskussion einbringt, wird die Eigenart des biblischen Monotheismus herausgearbeitet, indem er mit polytheistischen Religionen phänomenologisch verglichen wird. Dabei wird in methodischer Hinsicht die Morphologie und die Eigenart des biblischen Monotheismus deduktiv abgeleitet. Unter dieser Voraussetzung ist in Kaufmanns späterem Werk die Neigung zu beobachten, daß die biblische Religion gleich einem geradezu geschlossenen philosophischen System vorgestellt wird.[107]

Zugleich zeichnen sich in dieser Attacke auf Ahad Ha-Am die Konturen von Kaufmanns Opposition gegen evolutionistisches Denken ab: Veränderungen in der Menschheitsgeschichte geschähen nicht durch stetige Entwicklungen, wie Ahad Ha-Am wahrhaben wolle, sondern würden durch Revolutionen bewirkt, die im Bereich der Religions— und Geistesgeschichte statthätten. Mit diesem Einspruch gegen Ahad Ha-Am verlangt Kaufmann zunächst, daß die in der Religionsgeschichte konstatierbaren Umwertungen von Werten phänomenologisch sauber zu differenzieren seien. Echte Entwicklung, d.h. Neuschöpfung religiöser Traditionen, sei von deren Reinterpretierung durch spätere Generationen zu unterscheiden: Religiöse Entwicklung meine den akkumulativen historischen Pro-

---

[106] Die ewige und feststehende Grundlage des Judentums sei nicht das Bekennen eines Wissens, sondern einer bekannten Gegebenheit: das Bekenntnis einer göttlichen Wirklichkeit, welche sich dem Volk Israel auf eine historisch bekannte Weise offenbare. ... Der bedeutende Unterschied zwischen dem Glauben an die Gottheit, welche sich auf historische Weise offenbare, und dem Anerkennen einer Gottheit, die logisch erkannt werde, sei folgender: Der Glaube an die historische Gottheit habe eine Tradition, d.h. eine Überlieferung, die außer ihrer selbst keine Tradition habe und deren Authentizität von nichts abhänge, nicht einmal von Logik, da ihre Quelle die Gottheit selbst sei. Dagegen habe das Anerkennen der logischen Gottheit keinerlei Tradition, da ihre Voraussetzungen vom Verstand des Menschen abhängig seien. — KAUFMANN (*Ahad Ha-Ams Judentum*), 250.

[107] Vgl *KGN* I, 257-283; *TEI* I, 221-737; *KRI* 7-149. — Zu Kaufmanns geschlossenem System s.u., 83ff.

zeß, bei dem die Tradition im Laufe der Geschichte um weitere Schichten angereichert werde. Dagegen sei Neuauslegung der Religion keine religiöse Schöpfung, da sie ihrem Wesen nach nicht *historisch*, sondern *logisch* erfolge.[108] Ferner sei Ahad Ha-Am einem Irrtum verfallen, da er sich den Prozeß der Religions— und Geistesgeschichte als Entwicklung vorstelle, welche natürlich, organisch und graduell verlaufe.[109] Diesem Modell hält Kaufmann die unergründbare Qualität jener Vorgänge entgegen, mit denen die biblische Religion ihren Anfang nehme. Obgleich Kaufmann hier noch nicht seinen später verwendeten Terminus, *monotheistische Revolution*, einführt, erinnert seine Beschreibung dieser in der mosaischen Zeit angesetzten Ereignisse[110] an sein später detailliert entwickeltes Bild von der monotheistischen Revolution:[111] Nur das *Daß* des entscheidenden Vorganges sei konstatierbar; dessen *Wie* bleibe für den Historiker vom Geheimnis umgeben — letzteres sei eine ontologische Qualität jeder Intuition und jeder Offenbarung. Derartige Vorgänge im Bereich des Geistigen, welche der Historiker nur in ihrer Wirkung wahrnehmen könne, seien oft entscheidende Ereignisse in der Menschheitsgeschichte.

In dieser noch in Rußland verfaßten Abhandlung zeichnen sich bereits die Konturen folgender Charakteristika von Kaufmanns literarischem Lebenswerk ab: In *methodischer* Hinsicht ist seine Vorliebe für ein geschlossenes System erkennbar, welches später seinen Monotheismusbegriff sowie seine Konzeption der biblischen Religion kennzeichnet. Zugleich liegen drei *inhaltliche* Besonderheiten zu Tage: erstens, der zentrale Stellenwert der Metaphysik in der biblischen Religion; zweitens, starke Reserven gegenüber evolutionistischem Denken und drittens, die Bedeutung geistiger Kreativität als maßgeblicher Faktor für den Verlauf der Menschheitsgeschichte.

Bei dieser frühen Arbeit ist schwer nachweisbar, wem der Autor verpflichtet ist. Zwar läßt Kaufmanns Monotheismusbegriff, der

---

[108] Entsprechend werde das Werk des Maimonides vielfach als Neuschöpfung verkannt; zu diesem Komplex vgl *KAUFMANN (Ahad Ha-Ams Judentum)*, 251-252.

[109] *KAUFMANN (Ahad Ha-Ams Judentum)*, 253-255.

[110] *KAUFMANN (Ahad Ha-Ams Judentum)*, 262-264.

[111] Vgl *KGN* I, 257-258; *TEI* I, 720-737, II, 33-59; *KRI* 212-244.

hier bereits anklingt und in seinen späteren Werken, *KGN* sowie *TEI*[112] dokumentiert ist, Assoziationen mit Hermann Cohens 1919 posthum veröffentlichtem Werk[113] aufkommen. Indessen überzeugt Uffenheimers These nicht, der Angriff des jungen Kaufmann auf Ahad Ha-Am sei direkt von Cohen inspiriert:[114] Zum einen ist dies chronologisch problematisch, da Uffenheimer nicht ausführt, welche Schriften Cohens für Kaufmanns 1913 veröffentlichte Attacke auf Ahad Ha-Am maßgeblich gewesen sein sollten. Zum anderen geht aus dem Befund von Kaufmanns Nachlaß lediglich hervor, daß er sich erst Jahre später, nämlich in seinen Berner und Berliner Jahren, mit Cohen beschäftigt hat.[115] In Ermangelung hinreichender Dokumentation lassen sich derartige Affinitäten, die zwischen diesem frühen Aufsatz Kaufmanns und Cohens Denken auffallend erscheinen mögen, nur mit Hilfe des "Zeitgeistes" erklären.[116]

Waren jüdische Nationalisten bemüht, die Werte ihrer Kultur mit historisch-wissenschaftlichen Mitteln zu erforschen, so wandten sie sich der biblischen Überlieferung zu, nachdem christliche Gelehrte bereits begonnen hatten, dieses Gebiet historisch-kritisch

---

[112] Zur Aufschlüsselung der mit bibliographischen Abkürzungen bezeichneten Werke Kaufmanns s.u., S.135-139.

[113] *Die Religion der Vernunft aus den Quellen des Judentums*, Leipzig 1919.

[114] Uffenheimer, B., "Yehezkel Kaufmann: Historian and Philosopher of Biblical Monotheism", *Immanuel* 3(1973/74)9-21, S.16-17.

[115] *Kaufmann Archive*, no 28: In einem Heft ohne Datum, vermutlich aus Kaufmanns Berner, möglicherweise jedoch erst aus seinen Berliner Jahren, werden unter der Überschrift, "Hermann Cohen, 'Kants Theorie der Erfahrung, II'", Cohen und Richard Herbertz einander gegenübergestellt. Auf einem Zettel ohne Datum, mutmaßlich aus den Berliner Jahren, finden sich einige Notizen zu H. Cohens *Religion der Vernunft...* (1919).

[116] Mit dem Einfluß von H. Cohens Neukantianismus auf Kaufmanns Geschichtsphilosophie setzt sich Slyomovics, P., (Heb) "Y. Kaufmann's Critique of J.Wellhausen: A Philosophical-Historical Persepective", *Zion* 49 (1984)61-92, im Detail auseinander. Jedoch geht auch Slyomovics nicht auf Kaufmanns voraufgehend erörterten Aufsatz von 1913 ein, in dem sich die Konturen von Kaufmanns Denken bereits abzeichnen, ohne daß dafür ein direkter Einfluß Cohens nachgewiesen werden kann.

zu erforschen.[117] Kaufmann gehörte zu den ersten historisch-kritisch arbeitenden jüdischen Bibelwissenschaftlern.

Kaufmanns erste Veröffentlichung zur biblischen Religionsge-schichte beweist, daß er die Methoden der historisch-kritischen Exegese anwandte, noch bevor er an einer westeuropäischen Uni-versität zu studieren begonnen hatte. Seine erst 1925/26 publizierte Studie "Die Schriftprophetie"[118] hatte der Herausgeber von העתיד, Saul Israel Hurwitz, bereits 1914 erhalten.[119] Indessen wurde das Erscheinen besagter sechsten Folge bis 1925 verzögert, zunächst durch den Weltkrieg und dann durch S.I. Hurwitz' Tod: In dem im April 1925 verfaßten Vorwort zur sechsten Folge "Abschied von העתיד" legt E.I. Hurwitz dar, daß S.I. Hurwitz die meisten Beiträge des vor-liegenden Bandes in den Monaten vor dem Weltkrieg selbst ediert habe, bevor er wegen des Kriegsausbruches von seinem Rußlandbe-such nicht nach Berlin hatte zurückkehren können.[120] Zugleich spricht außer der nur bis 1914 reichenden Bibliographie dieses Auf-satzes auch die Ortsangabe "Zürich" unter Kaufmanns Namen da-für, daß er sein Manuskript vor dem Frühjahr 1914 S.I. Hurwitz ein-gereicht hatte.

Im Winter 1913/14 könnte Kaufmann in Zürich, während seiner ca fünf Monate dauernden Vorbereitung auf die Berner Universität, Gelegenheit gehabt haben, noch kleinere bibliographische Aufbesse-rungen o.ä. an dieser Arbeit vorzunehmen; indessen wird er sie während dieser kurzen Zeit in Zürich nicht erst geschrieben haben können. Nach eigenen Angaben ist die Veröffentlichung aus Unter-suchungen entstanden, die er bereits 1910/11 verfasst hatte.[121] Demnach hätte Kaufmann seine ersten Studien zur Geschichte der biblischen Religion am Ende seiner Odessaer oder zu Beginn seiner Petersburger Jahre verfaßt.

---

117 Zu diesem Komplex vgl Haran, M., *Biblical Research in Hebrew, A Dis-cussion of its Character and Trends*, Jerusalem 1970 (frz: "La Recherche Biblique en Hébreu. Son Caractère et ses Tendances", *ETR* 47(1972)145-159).
118 Vgl *KAUFMANN (Schriftprophetie)*.
119 Auf einer Postkarte vom 14.1.1914 teilt Hurwitz dem damals in Zürich lebenden Kaufmann mit, er sei bereit, Kaufmanns Arbeit mit gewissen Änderungen "im nächsten העתיד (dem sechsten)" abzudrucken. (*Kaufmann Archive*, no 112.)
120 העתיד ו=תרפ"ו=1925/26)III.
121 S.u., S.117.

45

Auch in dieser ersten Veröffentlichung zur Geschichte der biblischen Religion zeichnen sich Charakteristika seines Lebenswerkes deutlich ab:

Zunächst greift Kaufmann die Konzeption der Wellhausenschule an, wonach man sich den Monotheismus als Schöpfung der klassischen Prophetie vorzustellen habe.[122] Auf die christliche Substitutionstheologie, die bei Religionshistorikern der Wellhausenschule als psychologischer Faktor mitspiele, wird en passant hingewiesen.[123] Um die Bedeutung der Schriftprophetie für die Geschichte der biblischen Religion zu erhellen, legt Kaufmann dann seine religionsphänomenologische Untersuchung von Amos, dem ersten Schriftpropheten, vor:[124] Die Propheten seien keine Religionsstifter, sondern Prediger; sie setzten sich mit JHWH-Gläubigen auseinander, von denen sie eine Neubesinnung auf die Werte ihrer religiösen Tradition forderten; sie sprächen Leute an, die mit der Tradition der JHWH-Religion vertraut seien, nicht jedoch Anhänger einer anderen Religion. Historisch sei die postulierte chronologische Folge, Prophetie — Priestertum, gegenstandslos.

---

[122] *KAUFMANN (Schriftprophetie)*, 48-49.
[123] *KAUFMANN (Schriftprophetie)*, 49- 50.
[124] *KAUFMANN (Schriftprophetie)*, 52ff.

Um 1913: *Chaskel Koifmann*

# Bern

Angesichts der beschriebenen Turbulenzen, denen die osteuropäische Judenheit zu Beginn des Jahrhunderts ausgesetzt war, zogen westeuropäische Universitäten — insbesondere Paris, Bern und Berlin — zahlreiche russische Juden an. So verließ Kaufmann 1913 Petersburg und ging nach einigen Monaten in Podolien[125] gegen Jahresende in die Schweiz.[126]

Während seiner ersten Jahre in Westeuropa transkribierte Kaufmann seinen Vornamen *"Chazkel"*, *"Chaskel"*, *"Hazkel"*, sowie *"Haskel"*, jedoch zog er recht bald die Form *"Jesekiel"* vor. Obgleich nicht dokumentiert ist, daß Kaufmann jemals seine osteuropäische Herkunft verneint hätte, gibt es deutliche Hinweise, daß er sich während seines anderthalb Jahrzehnte dauernden Aufenthaltes in Bern und Berlin vorsehen mußte, nicht als *Ostjude* stigmatisiert und diskriminiert zu werden.

Nach einem halben Jahr Vorbereitung in Zürich[127] war Kaufmann vom Sommersemester 1914 bis zum Wintersemester 1917/18 an der Philosophischen Fakultät der Universität Bern immatrikuliert. Am 1. März 1918 wurde er *Propter Doctrinam Philosophiae Psychologiae Philologiae Semiticae Praecipuam*[128], nämlich mit der von Richard Herbertz betreuten Studie, *Eine Abhandlung über den zureichenden Grund. Erster Teil: Der logische Grund*[129] zum Doktor der Philosophie promoviert; als zweiter Teil war "eine Untersuchung über das Problem der *Kausalität*" vorgesehen,[130] die jedoch nicht zu Stande gekommen ist. Allerdings hat Kaufmann

---

[125] Noch im Sommer 1913 war er als Lehrer in Podolien tätig gewesen; vgl *WISSLAVSKY*, 265-266.

[126] In einem Leumundszeugnis des Zürcher Polizeivorstandes vom 4.4.1914 (*Kaufmann Archive*, no 110) wird bescheinigt, "daß Herr Hazkel Kaufmann ... seit 29. November 1913 hier wohnhaft ist und daß während dieser Zeit Nachteiliges über denselben nicht bekannt geworden ist."

[127] Datierte Rechnungen sowie ein Zeugnis des *Institutes Minerva Zürich, Vorbereitungsschule für die Technische Hochschule und Universität* (*Kaufmann Archive*, no 112) dokumentieren den Zweck des Zürcher Zwischenaufenthaltes.

[128] Promotionsurkunde vom 1.3.1918, *Kaufmann Archive*, no 1.

[129] Berlin 1920 (gedruckt von Emil Ebering, Mittelstr 29).

[130] Vgl *Zureichende Grund*, 55.

noch eine zweite und letzte philosophische Arbeit publiziert, eine Kritik an Husserl.[131] Wie alle seine von 1916-1933 in Deutsch publizierten Titel signierte Kaufmann seine Inauguraldissertation *Jesekiel Kaufmann*.[132]

Im Mai 1916 erschien in der *Juedischen Rundschau* Kaufmanns erster Artikel in deutscher Sprache.[133] Dieser Text, wie auch sein vertiefender Essay, der wenige Monate später in der ersten Folge der von Martin Buber herausgegebenen Monatsschrift *Der Jude*[134] abgedruckt wurde,[135] handelt von der damals unter Zionisten heftig diskutierten Sprachenfrage. Da diese Publikation aus dem Hebräischen übersetzt wurde,[136] wird Kaufmann vermutlich auch den ersten Text hebräisch verfaßt haben.

Im Sprachenstreit, in dem es um die Frage ging, ob jüdische Nationalisten die Verbreitung des Hebräischen oder des Jiddischen betreiben sollten, ergriff Kaufmann leidenschaftlich für die Hebra-

---

[131] Kaufmann, Jesekiel, "Das τριτος ανθρωπος-Argument gegen die Eidos-Lehre", *Kant Studien* 25(1920)214-219.

[132] Danach publizierte Kaufmann in Deutsch nur noch in den fünfziger Jahren eine kurze Studie, die jedoch unter *Yehezkel* Kaufmann publiziert wurde: "Der Kalender und das Alter des Priesterkodex", *VT* 4(1954)307-313.

[133] Kaufmann, J., "Unsere 'Friedensstifter' ", *Juedische Rundschau* 19(12.5. 1916)151-152.

[134] In einem maschinenschriftlichen Schreiben — noch ohne den ge-druckten Briefkopf der Zeitschrift — hatte Buber am 20.11.1915 an Kauf-mann geschrieben (*Kaufmann Archive*, no 112 ב): "Ich gebe im Einverneh-men mit einigen Freunden von Januar ab eine Monatsschrift 'Der Jude' heraus, die, ohne irgendwie parteimässig gerichtet zu sein, einer vertie-fenden Behandlung der jüdischen Probleme, einer zulänglichen Darstel-lung der jüdischen Wirklichkeit und einer geraden und nachdrücklichen Vertretung der jüdischen Sache dienen soll. Vor allem andern soll das Leben der Ostjuden, ihre wirtschaftlichen, kulturellen und politi-schen Verhältnisse eingehend dargestellt und geeignete Vorschläge zur Neuordnung formuliert und begründet werden. Ich habe es übernommen, die Zeitschrift während des Krieges und der ersten Zeit danach zu leiten, und würde mich freuen, Sie zu den Mitarbeitern zu zählen. ... Für eine baldige Zusage und daran sich anschliessende Vorschläge wäre ich Ih-nen dankbar."

[135] Kaufmann, J., "Die hebräische Sprache und unsere nationale Zukunft", *Der Jude* 1(1916/17)407-418.

[136] Das geht aus Bubers Schreiben vom 10.1., 19.6. und 28.6.1916 sowie aus dem einzigen erhaltenen Text aus Kaufmanns Feder in dieser Korrespondenz, nämlich einem datierten (24.3.1916), deutsch verfaßten Briefentwurf, hervor (*Kaufmann Archive*, no 112 ב).

isten Partei. Seine scharfe historische Analyse kann im folgenden nur sehr grob nachgezeichnet werden:[137]

Sprache sei die *notwendige* Bedingung zur Gemeinschaft geistigen Eigentums. Während der zweitausendjährigen Diaspora habe die hebräische Sprache der jüdischen Kultur als Vehikel gedient. In der Neuzeit sei Assimilation in dem Maße aufgetreten, in dem das Hebräische aufgehört habe, Kultursprache zu sein, wobei die gemeinsame Religion das einzige Zusammenhaltsmoment des Jüdischen Volkes geblieben sei. Ohne gemeinsame Nationalsprache könne es kein organisches Zusammenwirken der einzelnen Teile der Gemeinschaft geben. Seit der Zeit des Zweiten Tempels sei das Hebräische Kultursprache der Juden geblieben, obgleich sie sich anderer Sprachen als Umgangssprachen bedient hätten. Mit dem Absterben des Hebräischen als Kultursprache gehe die Identität des jüdischen Volkes verloren, verbürge doch das religiöse Band nur eine gemeinsame Vergangenheit, jedoch weder eine Gegenwart noch eine Zukunft. Eine fremdsprachige Literatur jüdischen Inhalts, wie einst in der alexandrinischen Epoche und derzeit auf dem Gebiete der *Wissenschaft des Judentums* sei trotz ihres Inhalts kein nationales Schaffen, weil es auf das allgemeine Schaffen des Volkes nicht befruchtend einwirken könne. Die geistigen Kräfte eines Volkes würden zersplittert, wo die einheitliche Kultursprache durch eine Palette von Kultursprachen ersetzt werde. De facto sei dieser Auflösungsprozeß in Westeuropa vollendet. So hänge die Zukunft des jüdischen Volkes davon ab, daß in Osteuropa, wo die Mehrheit der Juden lebe, rechtzeitig dieser verhängnisvollen Entwicklung gewehrt werde: Durch die Wiedergeburt des Hebräischen könne die osteuropäische Judenheit sich selbst retten und auch den westlichen Juden Hoffnung auf Zukunft bringen. Im Leben der osteuropäischen Judenheit herrschten drei Sprachen, die in der Vergangenheit jeweils eigene Funktionen erfüllt hätten: Die Landessprache sei die Verkehrssprache mit der Landesbevölkerung, das Jiddische die jüdische Umgangs— und zweitrangige Kultursprache und das Hebräische die eigentliche Kultursprache gewesen. Habe die Haska-

---

[137] Nachfolgende Wiedergabe von Kaufmanns Argumentation beruht auf seinem zweiten, analytisch vertiefenden Essay "Die hebräische Sprache...".

lah zunächst eine Belebung des Neuhebräischen als Kultursprache begünstigt, so habe zu einem späteren Stadium ein Auflösungsprozeß Platz gegriffen; dabei habe die Landessprache begonnen, gleichermaßen das Jiddische und das Hebräische als Umgangs— und Kultursprache zu verdrängen. Gleichzeitig habe der Zionismus eine Neubelebung der hebräischen Kultur vollbracht. Unter diesen Voraussetzungen sei die Jiddischbewegung, ihrem Ursprung nach ein Ableger der nationalen Bewegung, nicht nur speziell für die Partei der Hebraisten eine ernste Gefahr. Vielmehr bedrohe sie die Zukunft des jüdischen Volkes insgesamt. Obgleich statistisch das Jiddische weiter verbreitet sei als das Hebräische, sei nur letzteres für die Zukunft des jüdischen Volkes maßgeblich, weil dessen ganzes kulturelles Erbe dem Hebräischen verpflichtet sei. Sei die Verbreitung der Landessprache unter der osteuropäischen Judenheit unvermeidbar, so könne daneben nur *eine* jüdische Kultursprache beibehalten werden, da es andernfalls zu einer Zersplitterung der geistigen Kräfte kommen werde. In dieser Situation müsse die Entscheidung zugunsten derjenigen Sprache fallen, die verdiene und Aussicht habe, erhalten zu bleiben — nämlich das Hebräische, die bewährte Kultursprache. Der Existenzwille des jüdischen Volkes werde sich auch in Zukunft in der Beziehung des Volkes zu seiner Geistessprache kundgeben.

Nach 1945 gibt es Grund genug, angesichts des in dieser Zusammenfassung nicht dokumentierten nationalistischen Vokabulars Beklemmungen zu empfinden. Hier wird mit Begriffen operiert, die inzwischen im deutschen Sprachgebrauch mehr denn anderswo unvertretbar geworden sind: "Leben und Tod der Nation", "nationales Wesen", "nationale Entartung", "völkische Eigenart", "Verderben der Nation", "nationaler (Existenz)wille", "national entwertet", "Volksgenosse", "Volksgeist" u.ä. Obgleich nach den Erfahrungen mit dem Nationalsozialismus gegenüber derartiger Begrifflichkeit größte Reserven angezeigt sind, mutet diese Terminologie in ihrem zeitgenössischen Kontext während des Ersten Weltkrieges frappierend harmlos an. Denn während rundherum die Nationen Europas aus nationalstaatlichem Chauvinismus ihre Untertanen einem makabren Stellungskrieg opferten, macht dieser Nationalismus seine Zukunft von *kulturellen* Faktoren abhängig.

Nichtsdestoweniger ist Kaufmanns Argumentationsstil auf einer anderen Ebene alles andere als eirenisch. Nachdem er seine Gegner durchgängig die "Jargonisten" und das Jiddische den "Jargon" heißt, legen seine giftigen polemischen Formulierungen nahe, daß er mit der jiddischen Kultur zerfallen ist.[138] In seiner Eigenschaft als Herausgeber von *Der Jude* hat Martin Buber diese Polemik als äußerst störend empfunden[139] und mit Blick auf Kaufmanns Beitrag alle denkbaren Möglichkeiten erwogen, nämlich den Text überhaupt nicht,[140] nur überarbeitet[141] oder erst in einer späteren Folge[142] abzudrucken. Schließlich hat Buber, mutmaßlich wegen der Aktualität des Textes und in Ermangelung einer Alternative,[143] resigniert, so daß er Kaufmanns Beitrag dann doch im September 1916 in der ersten Folge der neuen Monatsschrift erscheinen ließ. Dabei hat Buber dann nicht einmal die von ihm als äußerst verletzend beanstandete Rede vom "Jargon" herausediert.[144]

---

[138] "...befriedigt der Jargon (sc: die jiddische Sprache) die niedrigern (sic) geistigen Bedürfnisse..." (*Der Jude* 1[1916/17]411) u.ä.

[139] In einem handgeschriebenen Brief vom 19.3.1916 erklärt Buber: "Dagegen enthält Ihr Aufsatz polemische Wendungen von ungemeiner Heftigkeit, obgleich Sie erklären, dass Sie eine Polemik vermeiden wollen; Sie fordern sie aber geradezu heraus." Und auf einer handgeschriebenen Postkarte vom 28.6.1916 trägt Buber die Bitte vor: "Es wäre mir sehr lieb, wenn Ihre Darlegung möglichst *positiven* Charakter hätte; ich halte positive Sachlichkeit für eine wirksamere Waffe als alle Polemik, die ja nur auf die Gleichgesinnten wirkt. Eine beweiskräftige Darlegung der ungeheuer vitalen Bedeutung des Hebräischen — das ist's, was wir vor allem brauchen." (Hervorhebung von Buber). — *Kaufmann Archive*, no 112 ב.

[140] In einem Schreiben vom 6.3.1916 hatte Buber Kaufmann zunächst vorgeschlagen, die Veröffentlichung seines Aufsatzes auf einen späteren, jedoch nicht präzisierten Zeitpunkt zu verschieben. (*Kaufmann Archive*, no 112 ב.)

[141] Schreiben vom 19.3. und 19.6.1916. (*Kaufmann Archive*, no 112 ב.)

[142] Schreiben vom 19.3.1916. (*Kaufmann Archive*, no 112 ב.)

[143] Bubers Schreiben vom 19.6.1916 ist zu entnehmen, daß Abraham Sonne, bei dem Buber "einen Aufsatz über die Bedeutung der hebräischen Sprache für die Ostjuden" bestellt hatte, Buber "im Stich gelassen" hatte. Offenbar kam dann auch der bei Harry Torczyner bestellte "Beitrag über dasselbe Thema und in dem selben (sic) Geiste" (*ebd*) nicht zu Stande. (*Kaufmann Archive*, no 112 ב.)

[144] "Was mir ungemein widerstrebt, ist der durchgängige Gebrauch des Ausdrucks 'Jargon'. Es geht m.E. nicht an, eine sachliche Bekämpfung dadurch zu entstellen, dass man dem Gegner eine verächtliche Bezeichnung anhängt. Es scheint mir grundsätzlich wichtig, dass man eine Gruppe,

Mit seinem Berner Doktorvater, Richard Herbertz, war Kaufmann durch ein persönliches Lehrer-Schüler-Verhältnis verbunden. Herbertz überließ Kaufmann die Leitung der philosophischen Seminarbibliothek und verließ sich auf Kaufmanns Bürgschaft für einen vermutlich auswärtigen Bibliotheksbenutzer.[145] Herbertz scheint vor Kaufmanns intellektuellen Fähigkeiten Respekt gehabt zu haben, verglich er doch seinen Diskussionsstil mit dem des Sokrates.[146] Aufschlußreich für die recht persönliche Qualität dieses Lehrer-Schüler-Verhältnisses ist ein von Herbertz an Kaufmann gerichteter Brief vom 29.11.1918. Er ist in doppelter Hinsicht ein bemerkenswertes Dokument — sowohl zeitgeschichtlich, für die Stimmung nationalistisch gesonnener deutscher Kreise am Ende des Ersten Weltkrieges; zugleich aber auch für Kaufmanns Sympathie, die er offenbar als *Nationalist* einem gedemütigten Gesinnungsgenossen eines anderen Lagers bekundet hatte:[147]

"... Verzeihen Sie bitte, wenn ich Ihren Brief vom 20-ten November erst heute beantworte. ... Für Ihren freundlichen Ausdruck der Teilnahme an dem tragischen Schicksal meines armen und geliebten Vaterlandes sage ich Ihnen meinen besten Dank. Diese Ihre Kundgebung tat mir um so wohler, je seltener sie heute ist."

In einem spezifischen biographischen Kontext nimmt Kaufmann in bezeichnender Weise auf sein Studium an der Berner Universität Bezug: "... wo ich Philosophie, semitische Sprachen und biblische Wissenschaft studierte."[148] Obgleich diese Angabe sich mit der Promotionsurkunde deckt, hatte Kaufmann nach Ausweis seines

---

ein Volk, eine Sprache nicht anders nennt, als diese Gruppe u.s.w. sich selbst nennt. Wer dieses Prinzip verletzt, tut nicht der fremden Sache, sondern seiner eigenen Abbruch. Ich möchte sonst nichts in Ihrem Aufsatz abschwächen, aber ich bitte Sie das Wort 'Jargon' durch das in meiner Zeitschrift gleichmäßig übliche 'jiddisch' (sic) zu ersetzen." (Schreiben vom 24.7.1916; *Kaufmann Archive,* no 112 ג.)

[145] Dokumentiert durch Herbertz' unten auszugsweise zitierten Brief an Kaufmann (s.u., bei Anm 147).

[146] Vgl *WISSLAVSKY*, 265.

[147] *Y. Kaufmann Archive,* no 110.

[148] *Lebenslauf* (s.u., S.116).

Studienbuches als Doktorand hauptsächlich Philosophie studiert:[149] Während seiner acht Berner Semester hatte Kaufmann
etwa zwei Dutzend philosophische Lehrveranstaltungen belegt, fast
ausschließlich bei seinem Doktorvater, Richard Herbertz. Laut Studienbuch hatte sich das Studium der semitischen Sprachen und
der biblischen Wissenschaft auf fünf Veranstaltungen bei Karl
Marti[150] beschränkt: im Sommersemester 1915 — 1) *Die altisraelitische Religion;* 2) *Einleitung in das Alte Testament;* 3) *Einführung in
die syrische Sprache;* 4) *Semitisches Seminar: Aramäische Papyri;*
sowie im anschließenden Semester — *Syrisch II.* Auf Grund seiner
früheren Studien wird Kaufmann zweifellos des Aramäischen sowie der Geschichte der biblischen Religion und Einleitungswissen-
schaft kundig gewesen sein. So steht zu vermuten, daß er die genannten Lehrveranstaltungen sowie drei Kurse in Psychologie bele-
gen mußte, um formalen Anforderungen der Promotionsordnung
an der philosophischen Fakultät gerecht zu werden.

Es ist nicht bekannt, wie Kaufmann den als trocken beschriebenen Marti[151] erlebt hat. Aus ihrer Bekanntschaft[152] ist jedenfalls
nie ein Lehrer-Schüler-Verhältnis gewoden — wie mit Herbertz
oder gar mit Tschernowitz.

Von zeitgeschichtlichem und biographischen Interesse ist eine
Postkarte, die Chaim Tschernowitz seinem ehemaligen Odessaer
Schüler, Jesekiel Kaufmann, im November 1915 schrieb.[153]
Tschernowitz teilt Kaufmann mit, daß ein Herr Dr Gawronsky in

---

149 Die folgenden Angaben sind durch Kaufmanns Studienbuch dokumentiert
(*Kaufmann Archive,* no 110).

150 Zu Karl Marti vgl R. Smends biographisches Porträt in *Deutsche Alttestamentler in drei Jahrhunderten,* Göttingen 1989, 143-147; ebenfalls abgedruckt in "Die älteren Herausgeber der ZAW", *ZAW* 100(1988), *Supplement,*
2-21, S.5-8.

151 "... was er (sc: Marti) ... uns von Israels Geschichte und Religion zu er-
zählen wußte, war eine arg trockene Weisheit. Daß es sich im Alten Testament um eine bewegende Sache handeln möchte, fing mir erst in Berlin bei Gunkel aufzugehen." Karl Barth, *Nachwort, Schleiermacher-Auswahl,* (Siebenstern) Bolli, H. (Hrsg), München, Hamburg 1968, 290-291.

152 Sie ist lediglich durch eine Postkarte Martis vom 5.2.1918 (*Kaufmann
Archive,* no 112) dokumentiert, in der Marti eine Verabredung mit Kaufmann um einen Tag verschiebt.

153 Text ohne Datum; Poststempel: 11.11.1915 (*Kaufmann Archive,* no 112 v).

nächster Zukunft Kaufmann einladen werde. Tschernowitz' Ratschläge, wie Kaufmann sich bezüglich eines Honorares verhalten solle, indizieren, daß Gawronsky Kaufmann kennenlernen wollte, nachdem Tschernowitz Kaufmann zu seinem künftigen Mitarbeiter für das Russisch-Hebräische Lexikon des verstorbenen O.B. Gawronsky ernannt hatte.[154] In zeitgeschichtlicher Hinsicht ist bemerkenswert, wie ein hochqualifizierter osteuropäischer Intellektueller seinem kompetenten, jüngeren Kollegen vergegenwärtigt, daß er gut beraten sei, das Profil seiner reichen ostjüdischen Kultur "soviel wie nötig, sowenig wie möglich" zu zeigen. Erteilt doch Tschernowitz Kaufmann den freundschaftlichen Rat, er solle Gawronsky[155] gegenüber auftreten "wie ein Universitätsstudent und nicht wie ein Jeschivahstudent, (nicht einmal der Odessaer Modernen Jeschivah.)"

Daß Kaufmann selbst es als nachteilig empfand, als Ostjude identifiziert zu werden, könnte ihn schon in seinen ersten Jahren in Westeuropa davon abgehalten haben, mit seinem ostjüdischen Namen an die Öffentlichkeit zu treten. Denn obgleich er von einem 1919 ausgestellten Ausweisdokument mit bürokratischem Starrsinn immer noch auf seine frühere Namensform *Chazkel Koifmann* festgelegt wurde, hatte er als Autor bereits 1916 mit *Jesekiel Kaufmann* gezeichnet. Dies ist um so bemerkenswerter, weil Kaufmann später, nach seiner Einwanderung in Palästina — und bei aller Abneigung gegen das Jiddische —, seinen *Koifmann* ausgesprochenen Namen beibehielt, ohne ihn nach damals beliebter Praxis mit einem hebräischen Namen zu vertauschen.[156]

---

[154] Dazu s. Fortsetzung.

[155] Zwar gibt es keine Unterlagen, die ermöglichen, die Identität des besagten Gawronsky exakt zu ermitteln, jedoch kann auf Grund diverser, in Kaufmanns Nachlaß dokumentierter Details geschlossen werden, daß es sich um einen der Söhne des verstorbenen Lexikographen, O.B. Gawronsky, gehandelt haben wird. Tschernowitz wurde von dessen Witwe und Familie beauftragt, für die posthume Herausgabe das Hebräisch-Russische Lexikon O.B. Gawronskys zu überarbeiten (dazu s. Fortsetzung).

[156] Allerdings hat Kaufmann als Autor ein einziges Mal von der aramäischen Übersetzung seines Namens Gebrauch gemacht: Laut seiner Bibliographie (vgl *Yehezkel Kaufmann Jubilee Volume...*, S. ב, Nr 20) hat er 1923 eine Kritik an Joseph Klausners hebräischem Jesusbuch — dieser Titel war mir jedoch nicht zugänglich — unter dem Pseudonym גונ veröffentlicht.

Vom Sommersemester 1918 bis zum Sommersemester 1919 war Kaufmann als Student der Berner Philosophischen Fakultät beurlaubt; in dieser Zeit hat Kaufmann in Lausanne gelebt,[156a] wo er mit Tschernowitz zusammenarbeitete. Im September 1919 schreibt Kaufmann:[157]

> "Ich muss Ihnen zweitens mitteilen, dass ich jetzt bei Herrn Dr Tschernowitz als Mitarbeiter bei der Ausgabe seines "Kizur Hatalmud" und auch für die von ihm geleitete Bearbeitung eines Biblisch-Talmudischen Lexikons engagiert bin, und das mit der Bedingung gegenseitiger *dreimonatlicher* Kündigung."

Die Dauer dieser vertraglichen Regelung ist nicht dokumentiert. Tschernowitz' Briefe an Kaufmann[158] sowie eine Reihe weiterer Dokumente[159] bezeugen, daß Kaufmann bis zum November 1924 mit besagten Projekten befaßt war. Im Vorwort seiner 1918/19 in Lausanne erschienen Talmudausgabe erwähnt Tschernowitz als einzigen Mitarbeiter "meinen brillanten Schüler, Dr Jecheskel Kaufmann".[160] Die Vorbemerkung zu O.B. Gawronskys Hebräisch-Russischem Bibellexikon[161] ist von Tschernowitz und Kaufmann unterzeichnet.

---

[156a]Nach dem Befund von etwa einem Dutzend leerer Umschläge mit Poststempeln zwischen dem 30.4.1918 und dem 9.1.1920 zu urteilen, (*Kaufmann Archive*, no 124) hatte sich Kaufmann in diesem Zeitraum in Lausanne aufgehalten. Zwei Wochen danach wurde Kaufmann Post vom 23.1.1920 nach Bern nachgeschickt.

[157] Vorentwurf eines Antwortschreibens auf ein am 9.9.1919 von Dr M. Braude, dem Leiter des *Jüdischen Knabengymnasiums Lodz*, erhaltenen Telegramms, in dem Kaufmann eine Stelle als Lehrer angeboten worden war. (*Kaufmann Archive*, no 112.ב).

[158] *Kaufmann Archive*, no 112 ט.

[159] *Kaufmann Archive*, no 112.א, ק; 126.

[160] קצור התלמוד / מסכת ברכות, ראש השנה, יומא מן התלמוד הבבלי, מסודרות ומפורשות ע״י חיים טשרנוביץ. סדר ראשון, חלק ראשון, לוזן תרע״ט (19/1918=), S. X.

[161] O.B. Gawronsky, *BIBLISCHES UND TALMUDISCHES LEXIKON. Bearbeitet und von Dr Ch Tschernowitz Redigiert*, Paris 1924. (Diese Bearbeitung des ersten Teiles erfaßt lediglich das biblische Hebräisch; das geplante Lexikon des talmudischen Hebräisch ist nicht mehr zustande gekommen.)

# Berlin

Anfang 1920 ging Kaufmann nach Berlin, wo er bis zu seiner Emigration nach Palästina am Ende der zwanziger Jahre lebte, offenbar als freier Schriftsteller auf Honorarbasis. Soweit dokumentiert ist, schlugen seine Versuche fehl, eine feste Anstellung zu erhalten. In diesen Jahren, da sich die Pforten der Universität hinter Kaufmann geschlossen hatten, dürfte er nicht immer einen leichten Stand gehabt haben. Scheint er es doch für nötig erachtet zu haben, sich vor dem Stigma des *Ostjuden* zu schützen. Nichtsdestoweniger zählten die Berliner Jahre zu den literarisch produktivsten seines Lebens.[162]

Wie bereits erwähnt, dauerte Kaufmanns Zusammenarbeit mit Tschernowitz bis zum November 1924 an. Im Februar 1924 übernahm Kaufmann die Mitherausgeberschaft der in Berlin erscheinenden Monatsschrift *Athidenu*, des Zentralorganes der *Tarbuth*-Organisation[163] — einer in Osteuropa entstandenen hebräischen Kulturbewegung. Indessen gab Kaufmann nur die nächste und dritte Folge des *Athidenu* heraus, zusammen mit seinem Jugendfreund Zwi Wisslawsky. Nach eigenen Angaben war Kaufmann *Schriftleiter* des *Athidenu* gewesen.[164] Es ist nicht dokumentiert, weshalb die Publikation kurz danach, d.h. ganze drei Monate nach Gründung des *Athidenu*, schon ausgesetzt wurde; ein Zusammenhang mit der in jenen Jahren äußerst prekären wirtschaftlichen Situation der Weimarer Republik liegt nahe.

Aus Kaufmanns Berliner Jahren sind zwei Bewerbungsschreiben mit autobiographischen Mitteilungen erhalten: eine Bewerbung mit Lebenslauf[165] um eine Bibliothekarsstellung bei der *Jüdischen Gemeinde* vom 19.5.1925; ferner eine an den *Vorstand der*

---

[162] Zur Situation der jüdischen Emigranten aus Rußland vgl die Untersuchung von Adler-Rudel, S., *Ostjuden in Deutschland 1880-1940. Zugleich eine Geschichte der Organisationen, die sie betreuten*, SWALBI 1(1959). — Zum Berlin zu Beginn des Jahrhunderts vgl ferner Scholem, Gershom, *Von Berlin nach Jerusalem*, Frankfurt/M 1977.

[163] עתידנו, הוצאת הלשכה המרכזית להסתדרות "תרבות", ברלין.

[164] Vgl *Lebenslauf* s.u., S.116.

[165] *Ebd.*

Um 1919: *Jesekiel Kaufmann*

*Akademie für die Wissenschaft des Judentums* gerichtete Bewerbung vom 28.2.1926[166], möglicherweise um eine Lehr—, wahrscheinlich um eine Forschungsstelle. Da aus Kaufmanns umfangreichem Nachlaß nicht zu ersehen ist, daß er von der *Jüdischen Gemeinde* engagiert worden wäre und da keiner seiner Zeitgenossen jemals Entsprechendes erwähnt, wird er mit großer Wahrscheinlichkeit die erhoffte Bibliothekarsstelle nicht erhalten haben. Daß er keine Stelle bei der *Akademie für die Wissenschaft des Judentums* erhalten hat, ist sogar aktenkundig.[167] Mangels zusätzlicher Dokumente über diese Bewerbungen können derartige, in den wirtschaftlich prekären Verhältnissen der Weimarer Republik erteilte Ablehnungen eines hochqualifizierten Kandidaten nicht von vornherein als Diskriminierung bewertet werden. Jedoch ist unabhängig von dem jeweiligen, nicht mehr ermittelbaren, objektiven Tatbestand erkennbar, daß Kaufmann sich bei diesen Bewerbungen große Mühe gab, seine westeuropäische Kultur hervorzuheben. Obgleich er seine osteuropäische Herkunft nicht verneinte, untertrieb er den Reichtum seiner traditionellen Bildung — mutmaßlich, um mit seiner in Westeuropa erworbenen Bildung attraktiver auftreten zu können und nicht unnötig unter Beeinträchtigungen leiden zu müssen, auf Grund jenes unverwüstlichen Stigmas "ostjüdischen Hinterwäldlertums".

In dem der Bewerbung um die Bibliothekarsstelle beigefügten Lebenslauf fallen zwei bemerkenswerte Eigentümlichkeiten auf: zum einen, daß Kaufmann es vermeidet, seine Kenntnis semitischer Sprachen mit seiner traditionellen ostjüdischen Bildung in

---

[166] Wortlaut, s.u., S.117-119.

[167] Das negative, von Julius Guttmann unterzeichnete Antwortschreiben vom 8.3.1926 (*Kaufmann Archive*, no 112) trägt den Briefkopf des *Vereins zur Gründung und Erhaltung einer Akademie für die Wissenschaft des Judentums* (Berlin-Charlottenburg, Kleiststr 10). Darin wird Kaufmann mitgeteilt: "Ihr Gesuch vom 28.2. habe ich in der letzten Sitzung des wissenschaftlichen Vorstandes der Akademie zur Sprache gebracht. Wie ich Ihnen schon mündlich mitgeteilt habe, ist es im Augenblick nicht möglich, an die Einstellung neuer Mitarbeiter zu denken und auch nicht abzusehen, wann wir wieder die Möglichkeit zu Neueinstellungen haben werden. Sollte dies indessen in absehbarer Zeit der Fall sein, so wird ihr Gesuch auch mit in Betracht gezogen werden, und wir werden Sie dann bitten, uns einen Teil Ihrer Arbeit zur Prüfung vorzulegen."

Verbindung zu bringen; zum anderen die Beschreibung der in Odessa besuchten Ausbildungsstätte.

Kaufmann befleißigt sich, die Kenntnis jener ihm von Kindesbeinen an vertrauten semitischen Sprachen, nämlich Hebräisch und Aramäisch, mit seinem Studium an der Universität Bern in Verbindung zu bringen — genauer gesagt mit drei Lehrveranstaltungen in Aramäisch bei Karl Marti. Wie voraufgehend ausgeführt, ist nicht einmal auszuschließen, daß Kaufmann jene Veranstaltungen belegt haben könnte, um formalen Anforderungen an einen Doktoranden der Philosophischen Fakultät gerecht zu werden;[168] wie dem auch sei, selbst unter Absehung von dieser Mutmaßung ist die Beschreibung jener Berner Lehrveranstaltungen — "Einführung in die syrische Sprache", "Semitisches Seminar: Aramäische Papyri" und "Syrisch II" — als Universitätsstudium der semitischen Sprachen äußerst kurios. Wird doch Kaufmann auf Grund seiner Ausbildung im *Heder* sowie in den vermutlich verschwiegenen, anschließenden Phasen seiner traditionellen jüdischen Bildung[169] und dann in den erwähnten Odessaer und Petersburger Bildungsstätten zumindest die angegebenen aramäischen Dialekte gut beherrscht haben; zugleich ist nicht auszuschließen, daß er sich an der Petersburger *Akademie* Arabischkenntnisse erworben haben könnte, da der Baron auf jene großen Wert gelegt hatte.[170] Bemerkenswert ist jedenfalls, daß Kaufmann seine aus Osteuropa mitgebrachten Sprachkenntnisse allenfalls implizit zur Sprache bringt, zugleich aber jene Berner Sprachkurse als Studium der semitischen Philologie in die Waagschale wirft. Insgesamt dürfte dieser Befund als Indiz zu bewerten sein, daß Kaufmann bei seiner Bewerbung für die Bibliothekarsstellung daran lag, seine vorhandene, sicherlich nicht schwache, mutmaßlich von seinen potentiellen Arbeitgebern geforderte Kenntnis der semitischen Sprachen mit seiner westeuropäischen Hochschulbildung in Verbindung zu bringen.

Vor diesem Hintergrund gibt auch die Bezeichnung "Hochschule für jüdische Wissenschaft" für die von Chaim Tschernowitz inspirier-

---

[168] S.o., S.52-53.
[169] Zum traditionellen jüdischen Bildungswesen s.o., bei Anm 28.
[170] Vgl Shazar, "Günzburg and his Academy", 9, 11ff.

te *Moderne Jeschivah* zu denken. Zwar impliziert dieser Terminus keineswegs eine Entstellung, insofern die Methoden der *Wissenschaft des Judentums* den Studenten jener Hochschule vermittelt wurden. Indessen fällt auf, daß Kaufmann für diese Ausbildungsstätte, welche unter osteuropäischen Juden als die *Moderne Jeschivah* in hohem Ansehen stand, eine alternative Bezeichnung wählt — vermutlich um die des Traditionalismus verdächtige Bezeichnung *Jeschivah* mit dem in Westeuropa respektableren Terminus *Hochschule* zu ersetzen.

Die gleiche Verfremdungstechnik ist auch in Kaufmanns Bewerbung vom 28.2.1926[171] dokumentiert, die dem Vorstand des *Vereins zur Gründung und Erhaltung einer Akademie für die Wissenschaft des Judentums* vorgelegen hatte. Auch hier fällt auf, daß Kaufmann es für nötig hielt, zwei Lehrveranstaltungen, welche er in Bern besucht hatte, als Studium der biblischen Wissenschaft auszuweisen. Wiederum leugnet der Bewerber nicht seinen osteuropäischen Bildungsgang. Jedoch ist auch bei dieser Bewerbung bemerkenswert, daß ganze zwei Veranstaltungen — nämlich *Die altisraelitische Religion* und *Einleitung in das Alte Testament* — in dieser Weise aufgewertet werden und gleichzeitig die voraufgegangene, ein gutes halbes Jahrzehnt dauernde Ausbildung an jüdischen Hochschulen in Osteuropa nur implizit zur Sprache kommt. Auch hier drängt sich die Vermutung auf, daß Kaufmann befürchtete, seine ostjüdische Herkunft könnte die Berliner *Akademie für die Wissenschaft des Judentums* argwöhnisch stimmen, so daß er es vorzog, seine historisch-kritische Ausbildung nicht ohne bemerkenswerte Verfremdung darzustellen.

Abgesehen von dem erwähnten philosophischen Aufsatz[172] und einer Reihe kleinerer Arbeiten zur biblischen Religionswissenschaft hängen die meisten Publikationen aus Kaufmanns Berliner Zeit mit seiner Beschäftigung mit der jüdischen Sozialgeschichte zusammen.[173] Daraus ging sein großes Werk hervor, *Exil und Fremde, Eine sozialgeschichtliche Untersuchung zur Frage nach dem*

---

[171] S.u., S.117-119.
[172] S.o., Anm 131.
[173] Zu Kaufmanns Veröffentlichungen jener Jahre vgl Nr 15-41 seiner Bibliographie (s.o., Anm 1).

*Schicksal des Volkes Israel von den Anfängen bis zur Gegenwart*[174], das im hebräischen Sprachraum nicht weniger Aufsehen erregte als seine später verfaßte Religionsgeschichte des biblischen Israel. Der hebräische Dichter H.N. Bialik, der zu Kaufmanns Lehrern an der *Modernen Jeschivah* in Odessa gezählt hatte, hielt *Exil und Fremde* — im weiteren "*KGN*" genannt[175] — für ein epochemachendes Werk. Die Lektüre von *KGN* begeisterte ihn so sehr, daß er sogleich an J.L. Magnes, den damaligen (ersten) Kanzler der Hebräischen Universität Jerusalem, schrieb und ihm eindringlich ans Herz legte, Kaufmann an die Universität zu berufen:[176]

"Dieses Mal stehe ich unter dem mächtigen Eindruck des Werkes גולה ונכר , Teil II, das noch druckfrisch ist, und ich habe es bereits zweimal gelesen. M.E. ist dies ein großes Werk, und seit langer Zeit hat es in Israel nichts gegeben, das ihm an die Seite gestellt werden könnte. Noch zwei Teile werden demnächst erscheinen. In seinen vier Büchern erfaßt das Werk alle grundlegenden Probleme des Schicksales Israels unter den Völkern vom Tage, da es ins Exil ging, bis heute. Auch versucht es Perspektiven zu sehen und neue Wege zu zeigen. All das aus einem profunden und breiten Verstehen, wie es für unsere Literatur in dieser Zeit ungewöhnlich ist. So mache ich Sie auf dieses großartige Werk aufmerksam und gebe Ihnen den Rat, sich für dessen Lektüre freizumachen. Ich bin gewiß, daß Sie mir diesen Gefallen tun werden. Wie gern sähe ich einen so umfassend gebildeten und klugen Mann wie den Autor dieses Werkes an der Universität. Zwei, drei Leute wie er vermöchten neuen Lebensgeist in die Universität zu bringen und dem hebräischen Bildungs— und Wissenschaftsbetrieb ein neues Gesicht zu verleihen. Merken Sie sich den Namen des Autors: Yehezkel Kaufmann. Meine Intuition sagt mir, daß das hebräische Denken einen Retter gefunden hat."

---

174 (Heb), Tel Aviv 1929-1930.
175 S.u., S.137.
176 *BIALIK,* מד-מה — Brief vom 9.3.1930 (meine Übersetzung).

Seit Erscheinen von *KGN* ist verschiedentlich geplant worden, das Werk aus dem Hebräischen verkürzt zu übersetzen, was jedoch nur partiell zu konkreten Ergebnissen geführt hat: Anfang der dreißiger Jahre wurde eine polnische sowie eine jiddische Übersetzung von *KGN* angestrengt, jedoch nicht ausgeführt.[177] Ebenso ergebnislos wurde jeweils in den dreißiger[178] und fünfziger[179] Jahren die Veröffentlichung einer gekürzten amerikanischen Fassung geplant. Ein weiteres unverwirklichtes Projekt aus den vierziger Jahren[180] wurde erst vier Jahrzehnte später aufgegriffen und im Sommer 1988 mit dem Erscheinen von *KCJ*[181] realisiert.

[177] Dies geht aus drei vom Warschauer Verlag, *Wydawnictwo Nowoczesne*, an Kaufmann gerichteten Briefen hervor — jeweils vom 6.6., 14.7. und 21.8.1933 — sowie aus einem am 8.8.1933 von Kaufmann (in Haifa) unterzeichneten Vertrag: Darin veräußert Kaufmann das Recht der polnischen sowie der jiddischen Übersetzung von *KGN* an den genannten Verlag; als Vorlage sollte eine Kürzung des hebräischen Originals dienen, die Kaufmann vorzubereiten sich verpflichtete. (*Y. Kaufmann Archive*, no 115 ‎ו.)

[178] In einem Brief von Jacob S. Golub, Educational Director of the *Zionist Organization of America*, New York an Kaufmann vom 28.7.1937 heißt es: "... I did have occassion, however, to give a course on the subject matter of Golah v'nehar (sic) and for the course I prepared a summary of 110 single spaced typewritten pages. The summary, I think, tells the story of the book fairly well. I should like to publish this summary but before doing so, I should not only want your consent but would like you to go over it to see if you feel that justice was done to the most important ideas. If you care to receive it, I shall mail you a copy of this summary and await your reaction. ..." (*Y. Kaufmann Archive*, no 115 ‎ו.) — Aus Kaufmanns Nachlaß ist nicht ersichtlich, ob er auf diese Anfrage eingegangen ist.

[179] Dokumentiert durch Briefe der Jerusalemer Agentur *Biblos Ltd* vom 24. 6. und vom 14.8.1957 an Kaufmann sowie von ersterer an den amerikanischen Verlag, *Monde Publishers Inc* (14.8.1957); ferner durch einen im August 1957 von *Biblos* und Kaufmann unterzeichneten Vertrag (*Y. Kaufmann Archive*, no 121 ‎ב) sowie durch einen undatierten, nicht unterzeichneten Vertrag zwischen *Monde Publishers Inc* und Kaufmann (*Y. Kaufmann Archive*, no 4). — Außerdem liegt ein Schreiben von Moshe Cohen (Jewish Agency, New York vom 12.6.1957) vor: Darin wird Kaufmann mitgeteilt, daß der vorgesehene Übersetzer, Dr Milton Arfa, statt einer Übersetzung lediglich einige Artikel über *KGN* schreiben werde (*Y. Kaufmann Archive*, no 121, ‎ב).

[180] In einem Brief an Kaufmann von Rabbi Dr Theodore N. Lewis, *Progressive Synagogue*, New York vom 29.5.1946 heißt es: "I am glad that you authorize me to translate from your book the chapters on Jesus. ... I will keep the task in mind, and hope to get to it some time during the next few months." (*Y. Kaufmann Archive*, no 115 ‎ב.)

[181] Zur Aufschlüsselung s.u., S.136.

Indessen ist in Kaufmanns literarischem Nachlaß eine bisher unbekannte "Kurzgefasste Inhaltsübersicht des Werkes *Gola we Nechar*" erhalten geblieben.[182] Kaufmann hatte sie im Oktober 1936 in deutscher Sprache verfaßt, um dem Historiker des Zionismus, Adolf Böhm (1873-1941)[183], zu ermöglichen, den Gedankengang von *KGN* seiner Leserschaft zu vermitteln. Der in Wien lebende Böhm hatte sich an den Jerusalemer Autographensammler Abraham Schwadron[184] gewandt, mit dem er offenbar gut bekannt war. Von Schwadron hatte Böhm wissen wollen, ob das damals viel diskutierte *KGN* aus dem Hebräischen übersetzt sei.[185] Schwadron hatte diese Anfrage an Kaufmann weitergeleitet, der damals bereits in Haifa lebte. Kaufmann antwortete Schwadron am 31.8.1936:

"Ich könnte für Herrn Dr Böhm auf einigen Seiten den allgemeinen Gedankengang meines Buches auf Deutsch verfassen, vorausgesetzt, er zitiert die Zusammenfassung, falls er davon Gebrauch macht."[186]

Drei Wochen später wandte sich Böhm an Kaufmann:

"... Ich bin Ihnen *sehr* dankbar, Zitierung ist doch *selbstverständlich,* ich werde mir doch nicht fremdes geistiges Gut aneignen! ..."[187]

---

[182] Wortlaut s.u., S.123-133.

[183] Böhm, Adolf, *Die Zionistische Bewegung I: Bis zum Ende des Ersten Weltkrieges*, Berlin [2]1935; *II: 1918-1925*, Jerusalem 1937. — Über Böhm vgl Goldmann, N. / Jacob, B., "Böhm, Adolf", *EJ(D)* 4(1929)917; "Boehm, Adolf", *EJ* 4(1971)1166.

[184] Dessen zeitgeschichtlich wichtige Dokumentensammlung ist als *Abraham Schwadron Collection* in der *National Library Jerusalem* untergebracht; zu ihrem Entstehen vgl Schwadron, Abraham, "Meine Autographen— und Porträtsammlung", *Juedische Rundschau*, 3.1.1928.

[185] Dies geht aus Kaufmanns Brief an Schwadron vom 31.8.1936 hervor — *Abraham Schwadron Collection, National Library Jerusalem, Jeheskel Kaufmann.*

[186] *Ebd* (meine Übersetzung).

[187] Postkarte vom 23.9.1936 (*Y. Kaufmann Archive*, no 115 ב.) — Hervorhebung im Original.

Einen Monat darauf bedankte sich Böhm in einem langen Brief bei Kaufmann für "die große Mühe, die Sie sich gegeben haben, mir die Kenntnis Ihres Gedankenganges zu vermitteln."[188] Böhm legt seine eigenen Ansichten zu Kaufmanns Positionen dar und führt aus, daß er erst "in der 2. Auflage von Band I"[189] oder "vielleicht ... in Band III" auf *KGN* werde zurückkommen können. Indessen konnte keine dieser Alternativen realisiert werden. Nach dem Anschluß Österreichs an Hitlers Terrorreich erkrankte Böhm an einem Nervenleiden, bevor er im April 1941 in Wien starb.[190] Ebensowenig ist Böhms Vorschlag verwirklicht worden, Kaufmanns deutsche Zusammenfassung von *KGN* in der *Juedischen Rundschau* abdrucken zu lassen. Es ist nicht dokumentiert, ob eine derartige Publikation versucht worden ist, jedoch ist der Text weder in den zwei der *Juedischen Rundschau* verbliebenen Jahren,[191] noch zu einem späteren Zeitpunkt andernorts veröffentlicht worden.

In Kaufmanns Worten[192] behandelt *KGN* "das gesamte Problem des Judentums, sowohl das Geschichts— wie auch das Gegenwartsproblem." Die zu lösende Grundfrage beschreibt er als "die Paradoxie der Fortdauer des jüdischen Volkes in der Zerstreuung". Für Kaufmann ist der in der jüdischen Geschichte ausschlaggebende Faktor die Religion, nämlich im weiteren Sinne der die Buchreligionen prägende biblische Monotheismus und im engeren Sinne dessen jüdische Entwicklung:

---

[188] Brief vom 27.10.1936 (*Y. Kaufmann Archive*, no 115 ב.). — Zum Wortlaut dieses Textes vgl Krapf, T., "*Exil und Fremde*. Ein Gedankenaustausch zwischen Jesekiel Kaufmann und Adolf Böhm", *Bulletin des Leo Baeck Institutes* 87(1990).

[189] Offenbar ein Versehen, da diese Ausgabe von Band I (s.o., Anm 183) bereits 1935 erschienen war als "zweite erweiterte Auflage".

[190] Ein kürzlich entdecktes Dokument korrigiert die verbreitete Annahme, Adolf Böhm sei in einer der nazistischen Todesfabriken in Osteuropa ermordet worden: In einem von R. Lichtheim, Jewish Agency Genève, unterzeichneten Telegramm vom 30.4.1941 an die Jewish Agency London, heißt es: "Adolf Boehm died Vienna tenth April." (*The Central Zionist Archives Jerusalem*: L 22/14/2.)

[191] Die letzte Ausgabe der *Juedischen Rundschau* erschien am 8.11.1938, einen Tag vor der Reichspogromnacht.

[192] Zu den folgenden Ausführungen und Zitaten vgl Kaufmanns deutschen Text, s.u., S.123-133.

"Die ursprüngliche Einzigartigkeit des jüdischen Volkes
besteht in seiner Kultur, präziser: in seiner Religion. Aus
derselben ist daher die Einzigartigkeit seiner Geschichte
abzuleiten. Die religiöse Eigenart des Volkes war die prima causa, zu der andere Momente dann hinzukamen."

Damit sind die Koordinaten von Kaufmanns Denken abgesteckt:
Das religiöse Moment ist die prima causa, zu der andere Faktoren
wie genealogisch bedingte Besonderheiten, Verfolgung, wirtschaftliche Gegebenheiten und nationaler Erhaltungstrieb als *historisch se-
kundäre* Momente dazukommen. Wie bereits dargelegt,[193] hatte
Kaufmann dies in der Auseinandersetzung mit Ahad Ha-Am erstmals formuliert. In Bezug auf Kaufmanns Lebenswerk ist diese Position für seine Motivation aufschlußreich, die Religionsgeschichte
Israels *historisch* zu ergründen. War es doch für die Orientierung
suchende, neu erstehende jüdische Nation lebenswichtig, Licht in
die Umstände ihres *Woher* zu bringen. Nicht *obgleich,* sondern *weil*
Kaufmann in den zwanziger Jahren intensiv an *KGN* arbeitete,
setzte er sich zu gleicher Zeit mit Gegenständen der biblischen Religionsgeschichte auseinander. So gibt Kaufmann bereits im Februar
1926[194] den chronologischen Rahmen seines nie vollendeten religionsgeschichtlichen Werkes an — "von den Anfängen bis zum Ende des Zweiten Tempels".[195] Zugleich umreißt er schon jetzt, fast
ein halbes Jahrzehnt vor Erscheinen seiner religionsgeschichtlichen Publikationen, den in *TEI* dargestellten Entstehungsprozeß
des biblischen Monotheismus. Dagegen ist zu diesem Zeitpunkt
noch nicht dokumentiert, daß Kaufmann über die Anfänge des Monotheismus hinaus sein Bild der biblischen Religion bereits in Ein-
zelheiten ausgearbeitet hatte, wie ein halbes Jahrzehnt später zu
Beginn der dreißiger Jahre.[196] So zielt im Februar 1926 seine Kritik
ausschließlich gegen die verbreiteten Vorstellungen über die

---

[193] S.o., S.41-44.
[194] *Bewerbung,* s.u., S.117-119.
[195] So der Wortlaut des Untertitels von *TEI.* Indessen hört *TEI* IV (=*KHRI*) mit
der früh-nachexilischen Zeit auf.
[196] Vgl "Allgemeiner Plan meines Werkes *Geschichte der israelitisch-jüdischen
Religion*" (Wortlaut s.u., S.120-122). — Zur Datierung dieses Textes s.u.,
Anm 221.

Anfänge des Monotheismus, jedoch noch nicht gegen die landläufigen Auffassungen vom historischen Verhältnis des Prophetentums zum Priestertum und damit gegen die chronologischen Koordinaten der Pentateuchkritik. Zugleich ist bemerkenswert, daß Kaufmann schon 1926 mitteilt, seine religionsgeschichtliche Arbeit lasse sich nur unzureichend in Einzeluntersuchungen vermitteln, sondern bedürfe der systematischen Darstellung. Während seiner Berliner Jahre kam Kaufmann indessen nicht zu einer systematischen Ausarbeitung seiner Religionsgeschichte. Stattdessen publizierte er im ersten Band der hebräischen Enzyklopädie, אשכול [197], zwei[198] und in der *Encyclopaedia Judaica. Das Judentum in Geschichte und Gegenwart*[199], zahlreiche Beiträge[200] — meist zu literarischen Gegenständen aus der Zeit des Zweiten Tempels sowie Vereinzeltes zur Mediävistik.[201]

Wie Kaufmann die reellen Aussichten des Nazismus während seiner Berliner Jahre eingeschätzt hat, ist nicht dokumentiert. Jedoch geht aus seinen Notizen über H.S. Chamberlains *Grundlagen*

---

[197] אשכול, אנציקלופדיה ישראלית, ברלין, ירושלים. — Bd 1: 1929; Bd 2: 1932; (letzter Beitrag: "אנטיפס" = "Antipas, Herodes").

[198] "אבו אפלח הסרקסטי", כרך א, ע-ית. – "אדמה במקרא", כרך א, 684.

[199] Berlin 1(1928)-10(1934) — bibliographische Abkürzung (aus *TRE*): *EJ(D)* — letzter Beitrag: "Lyra, Nikolaus de".

[200] "Abdi Chiba", *EJ(D)* 1(1928)200-201; "Abraham-Apokalypse", *EJ(D)* 1(1928) 548-553; "Abrahams Testament", *EJ(D)* 1(1928)561-565.; "Abu Aflach", *EJ(D)* 1(1928)614-615; "Adambuch", *EJ(D)* 1(1928)788-792; "Adel (im Altertum)", *EJ(D)* 1(1928)814-821; "Alcorsono, Jehuda B. Josef", *EJ(D)* 2(1928)162; "Allegorie", *EJ(D)* 2(1928)335-338; "Anat", *EJ(D)* 2(1928)770-771; "Antichrist", *EJ(D)* 2(1928)906-910; "Antinomismus", *EJ(D)* 2(1928)917-922; "Apokalypse Johannis", *EJ(D)* 2(1928)1136-1142; "Apokalyptik", *EJ(D)* 2(1928)1142-1154; "Apokryphen", *EJ(D)* 2(1928)1161-1172; "Elischa", *EJ(D)* 6(1930)525-526.

[201] *KRESSEL* 740-741 wird ohne Quellennachweis über Kaufmanns Berliner Zeit mitgeteilt: "Nach dem Ersten Weltkrieg zog er (sc: aus der Schweiz) nach Deutschland und lebte im Wechsel in Berlin und in Fichtengrund wegen der Arbeit an der jüdischen Enzyklopaedie in zwei Sprachen: Hebräisch und Deutsch ('Eschkol')." (Meine Übersetzung.) — Aus Kaufmanns Nachlaß ist jedenfalls nicht ersichtlich, daß er in Fichtengrund gelebt hätte: Lediglich eine an ihn adressierte Postkarte vom 12.6.1928 mit einer Anschrift in "Fichtengrund b. Friedrichsthal" (*Kaufmann Archive*, no 112) sowie eine unbeschriebene Ansichtskarte aus dem brandenburgischen Friedrichsthal an der Havel (*Kaufmann Archive*, no 7) liegen vor.

*des Neunzehnten Jahrhunderts*[202] sowie aus seiner bereits in den zwanziger Jahren verfaßten, realistischen Analyse der im neunzehnten Jahrhundert von europäischen Denkern entwickelten Rassenlehre[203] hervor, daß er sich über deren Gefahr auch ohne den Nationalsozialismus im klaren gewesen sein muß. Seine im Herbst 1933 veröffentlichte, gründliche Analyse desselben — "Die antisemitische Revolution in Deutschland"[204] — läßt vermuten, daß Kaufmann auch vor Hitlers Machtergreifung zumindest dessen potentielle Gefährlichkeit mit nüchterner Klarheit erkannt haben wird.[205]

---

[202] Auf der letzten Seite eines Notizheftes aus den Berner oder Berliner Jahren (*Kaufmann Archive*, no 28).

[203] *KGN* I, 172 174; II, 77-78

[204] *KAUFMANN (Antisem. Revolution)*.

[205] Diesbezüglich vgl ferner Kaufmanns Bemerkungen in einem übersetzten Text: Kaufmann, J., *Die Nationale Bewegung in dieser Stunde*, Jerusalem 1938, 26-27.

Um 1930: *Jesekiel Kaufmann*

# Haifa — der *Bet HaSepher HaReali*

Im Herbst 1928 wanderte Kaufmann über Jaffa in Palästina ein.[206] Dreieinhalb Jahre später wurde er Bürger von Palästina.[207] Während der nächsten zwei Jahrzehnte lebte er in Haifa. Dort unterrichtete er vor allem Hebräische Bibel, gelegentlich auch postbiblische Literatur, an dem von Arthur Biram gegründeten und geleiteten *Bet HaSepher HaReali*. Mit gewissen Modifikationen hatte Biram, ein aus dem sächsischen Bischofswerda stammender Altphilologe und promovierter Semitist, seine Schule als *Realgymnasium* konzipiert. Er war bemüht, wissenschaftlich hochqualifizierte Lehrkräfte an seiner Schule anzustellen. Als Kaufmann an den *Bet HaSepher HaReali* kam, zählte Ernst Simon bereits zum Kollegium.[208]

Daß Biram vor Kaufmanns wissenschaftlichen Leistungen grossen Respekt hatte, ist durch Birams Briefe aus den fünfziger Jahre bezeugt.[209] Sicher wird er diese Hochachtung für Kaufmann schon in den frühen dreißiger Jahren empfunden haben, als *KGN* in Palästina sowie in der Diaspora Wellen schlug. Biram pflegte Lehrern seiner Schule zwecks wissenschaftlichen Arbeitens Stunden zu erlassen, ohne ihr Gehalt zu kürzen,[210] ein Verfahren, das zu Beginn des Jahrhunderts in Deutschland praktiziert worden sein soll. Für Biram scheint diese Praxis mit seinen pädagogischen Idealen in Zusammenhang gestanden zu haben, wonach geknechtete Lehrer nicht in der Lage seien, zur Freiheit zu erziehen.[211] Laut zuverlässigen, mündlichen Quellen[212] kam Kaufmann in den intensiven Genuß dieser Regelung, was seine literarische Produktivität jener Jahrzehnte zu erhärten scheint: Während der Hai-

---

[206] Auf der Rechnung für Bahn— und Schiffsfahrt vom 25.9.1928 (*Kaufmann Archive,* no 8) ist vermerkt: "29/9/28 Marseille — Jaffa".

[207] Laut des *Certificate of Naturalisation of the Government of Palestine* vom 16.3.1932 (*Kaufmann Archive,* no 3).

[208] Zu Biram und seiner Schule vgl Halperin, Sarah, (Heb) *Dr A. Biram and his 'Reali' School. Tradition and Experimentation in Education,* Jerusalem 1970; Bentwich, J., "Biram, Arthur", *EJ* 4(1971)1033.

[209] *Kaufmann Archive,* no 121 ב.

[210] Vgl Halperin, *a.a.O.,* 179-180.

[211] *Ebd.*

[212] Menahem Haran, Uriel Simon.

faer Jahre publizierte Kaufmann über drei Viertel seines mehr als zweiundhalbtausend Seiten umfassenden *TEI*, zahlreiche Aufsätze zur Geschichte der biblischen Religion sowie journalistische Essays.[213]

In der hebräischen Literatur hatte sich Kaufmann bereits einen Namen gemacht, als Anfang der dreißiger Jahre zwei deutsche Veröffentlichungen zur Geschichte der biblischen Religion in *ZAW* abgedruckt wurden. Seine unter dem Titel "Probleme der israelitisch-jüdischen Religionsgeschichte" dargelegten kritischen Positionen mußten in der damaligen Diskussion als kontrovers empfunden werden.[214] Indessen wurden von seinen "Problemen..." insgesamt nur drei Teile veröffentlicht: In Kaufmanns erster *ZAW*-Publikation erschienen die Untersuchungen "I. Das sogenannte theokratische Ideal des Judentums"[215] und "II. Der vordeuteronomische Charakter der Priesterkodex"[216]; drei Jahre später wurde dann noch "III. Die Unabhängigkeit des Pentateuchschrifttums vom Prophetismus"[217] abgedruckt. Es scheint, daß Kaufmann seinerseits Interesse gehabt hat, der deutschsprachigen Öffentlichkeit sein religionsgeschichtliches Werk über diese Publikationen hinaus bekannt zu machen.

Die erste der erwähnten *ZAW*-Publikationen hatte Kaufmann noch in seiner Berliner Zeit verfaßt.[218] Eine beachtliche Anzahl deutsch verfaßter, jedoch meist nur fragmentarisch erhaltener, maschinenschriftlicher Manuskripte in Kaufmanns Nachlaß bezeugen, daß Kaufmann bis in die dreißiger Jahre beabsichtigt ha-

---

[213] Eine Auswahl der journalistischen Publikationen aus den Haifaer Jahren wurde in *BHZ* publiziert; vgl ferner Nr 42-98 in Kaufmanns Bibliographie (s.o., Anm 1).

[214] Nicht so die Ausführungen in seinem früheren, kurzen Lexikonartikel "Elischa", *EJ(D)* 6(1930)525-526.

[215] *ZAW* 48(1930)23-32.

[216] *ZAW* 48(1930)32-43.

[217] *ZAW* 51(1933)35-47.

[218] Seine erste Veröffentlichung trägt den Vermerk: "Abgeschlossen im August 1928", *ZAW* 48(1930)43 — d.h. einen Monat vor seiner Einwanderung in Palästina.

ben muß, seinen Beitrag zur Geschichte der biblischen Religion auch in deutscher Sprache an die Öffentlichkeit zu bringen. Bei diesen Manuskripten handelt es sich durchgehend um Vorentwürfe oder erste Fassungen von Texten, deren endgültige Ausformulierung dann später in *TEI* publiziert wurde. Obgleich bezüglich des Befundes eines literarischen Nachlasses der Zufallsfaktor in Rechnung gestellt werden muß, ist die relativ große Anzahl, wenn auch nur fragmentarisch erhalten gebliebener, deutsch verfaßter Untersuchungen[219] ein bemerkenswerter Umstand, der sich schwerlich als Koinzidenz erklären läßt. Vielmehr war die Erwägung durchaus sinnvoll, eine derartig gründlich angelegte Religionsgeschichte in Deutsch erscheinen zu lassen: Nicht etwa, weil es im hebräischen Sprachraum an einer an der Geschichte der biblischen Religion interessierten Öffentlichkeit gefehlt hätte; jedoch ging dieses Werk, welches das für die Bibelwissenschaft maßgebliche Wellhausensche Hypothesengebäude unterhöhlte, innerhalb und außerhalb des deutschen Sprachraumes zugleich auch eine Leserschaft an, die des Neuhebräischen unkundig war.

Auch als Kaufmann bereits in Haifa lebte, arbeitete er noch eine Zeit lang Texte seiner Religionsgeschichte in deutscher Sprache aus: Seinen zweiten *ZAW*-Beitrag hatte er am 2.2.1932 abgeschlossen.[220] Eine partiell erhaltene Korrespondenz Kaufmanns mit Johannes Hempel, dem Herausgeber der *ZAW*, dokumentiert, daß Kaufmann bis 1932 mit starkem Interesse die Veröffentlichung seiner religionsgeschichtlichen Untersuchungen in deutscher Sprache betrieben hat. Ferner zeigt ein deutsch verfaßtes Inhaltsverzeichnis — "Allgemeiner Plan meines Werkes Geschichte der israelitisch-jüdischen Religion" mit einer kurzen erläuternden Vorbemerkung und einem Postskriptum —, daß Kaufmann bereits vor 1933

---

[219] Von folgenden fragmentarisch erhaltenen Texten sind die Titel dokumentiert (*Kaufmann Archive*, no 75,76): "Kennt das Alte Testament den Götterglauben?"; "Die Unabhängigkeit der Pentateuchreligion vom schriftstellerischen Prophetismus"; "Zur Geschichte des Stammes Lewi"; "Die lewitischen Priester waren keine Gerim"; "Die Priester waren immer ein Stamm"; "Priester und Lewiten"; "Das nachexilische Lewitentum und die deuteronomistische Reform"; "Die Zurückführung des Lewitentums auf die deuteronomistische Reform"; "Die Abgaben"; "Zur Geschichte des Zehnten".

[220] Vgl *ZAW* 51(1933)47.

eine frühe Fassung seines religionsgeschichtlichen Werkes fast vollständig ausgearbeitet hatte.[221] Daß es sich dabei um das Inhaltsverzeichnis einer frühen Fassung der *Religionsgeschichte* (*TEI*) handelt, geht aus dem Vergleich der dreißig Kapiteltitel mit jenen weitaus zahlreicheren, teils untergliederten analogen Kapiteln[222] in *TEI* hervor.

Als Zwischenergebnis ist festzuhalten: In den zwanziger Jahren nahm Kaufmann erneut die in Rußland begonnene Arbeit[223] an seinen religionsgeschichtlichen Untersuchungen auf. Aus seinen Ausführungen vom Februar 1926[224] geht nicht hervor, in welcher Sprache er die erwähnten religionsgeschichtlichen Studien bis dahin ausgearbeitet hatte. Dagegen zeigt der sicher nicht lückenlose Befund seines Nachlasses, daß er bis in die frühen dreißiger Jahre seine Studien zu dieser Thematik sowohl in hebräischer als auch in deutscher Sprache verfaßt hatte. Oben erwähntes Inhaltsverzeichnis brachte er zwischen 1930 und 1933 zu Papier, d.h. nachdem ein kleiner Teil seiner deutschen Untersuchungen bereits in *ZAW* publiziert worden war. Dieses Inhaltsverzeichnis wirft zwei wichtige Fragen auf: 1. Zu welchem Zweck wurde es verfaßt? 2. Wann begrub Kaufmann die Hoffnung, seine Kritik an Wellhausen in die Diskussion des deutschen Sprachraums zu tragen?

Die konkrete Veranlassung der Aufstellung ist nirgends dokumentiert; indessen ist eine Vermutung naheliegend: An diesem Dokument, das bezeugt, wie die *Religionsgeschichte* zwischen 1930 und 1933[225] konzipiert war, ist bemerkenswert, daß Kaufmann noch zu Beginn der dreißiger Jahre in deutscher Sprache — mit der er sich ja nicht wie mit der hebräischen identifizierte — einen

---

[221] Zum Wortlaut dieses Textes, s.u., S.120-122. Er wurde zwischen 1930 und 1933 verfaßt, wie aus dem Postskriptum zu ersehen ist: 1. Für diese Datierung ist der Verweis auf den hebräischen Titel gegenstandslos, da jener bereits 1929 publiziert worden war. 2. Dagegen ist besagte, in *ZAW* abgedruckte Veröffentlichung erst 1930 erschienen. 3. Da die Publikation *ZAW* 51(1933)35-47 nicht erwähnt wird, wird sie noch ausgestanden haben, als Kaufmann dieses Inhaltsverzeichnis seiner Religionsgeschichte verfaßte.

[222] Exemplarisch vgl "Erster Teil, Kapitel V.2-4" (s.u., S.121) mit der Strukturierung der entsprechenden Kapitel in *TEI* I, 113-184.

[223] S.o., S.44-46.

[224] S.u., S.117-119.

[225] S.o., Anm 221.

Plan seines Werkes ausgearbeitet hatte. Die Art, in der die einleitenden Ausführungen des Textes stichwortartig das Ziel, die Methodik, den Umfang und die Relevanz des geplanten Werkes beschreiben,[226] gibt zu erkennen, daß der Autor sich empfehlen wollte. Denkbar ist, daß dieses Inhaltsverzeichnis einem deutschen Verlag vorgelegen haben könnte oder präsentiert werden sollte, mit dem Kaufmann in Verbindung stand oder treten wollte, als er diese frühe Fassung seiner Religionsgeschichte fast abgeschlossen hatte. Schließt man, ausgehend vom Umfang jener in *ZAW* bereits veröffentlichten Kapitel sowie von den im Nachlaß erhaltenen Texten[227], auf die mehr als dreißig vorgesehenen Kapitel des deutschen Inhaltsverzeichnisses,[228] so wird man sich einen vier— bis fünfhundert Seiten starken Band vorstellen müssen.

Inhaltlich ist an diesem Inhaltsverzeichnis zweierlei bemerkenswert: Zum einen ist bereits in dieser frühen Fassung die ganze historische Bandbreite von *TEI* geplant, wonach die Geschichte der biblischen Religion von ihren Anfängen bis zum Ende des Zweiten Tempels dargestellt werden sollte. Tatsächlich blieb dieses ehrgeizige Projekt unvollendet, da die Behandlung der frühnachexilischen Zeit in *TEI* IV nicht mehr ergänzt werden konnte.[229] Zum anderen sieht dieser allgemeine Plan eine Gliederung mit zwei Teilen vor: nämlich einen einleitenden Teil mit Voruntersuchungen über das Verhältnis der JHWH-Religion zur Mythologie sowie über die Eigenart der israelitischen Religion und als zweiten Teil "eine systematische Darstellung der Geschichte der israelitisch-jüdischen Religion"[230]. Diese Konzeption hat Kaufmann in *TEI* nicht beibehalten. Indessen hat Moshe Greenberg in seiner verkürzenden Übersetzung (*KRI*) von *TEI* I-III die Anlage des Werkes umstrukturiert. Freilich tat er dies im Einvernehmen mit Kaufmann,[231] jedoch ohne zu wissen, daß in dessen frühem Vorentwurf seiner *Religionsgeschichte* diese Struktur einmal vorgesehen gewesen war. Auf

---

226 S.u., S.120.
227 S.o., bei Anm 219.
228 Vgl S.120-122.
229 Dazu s.u., S.78-80.
230 S.u., S.120.
231 Vgl *KRI* vi-vii.

letztere kam Kaufmann selbst in seinem 1954 veröffentlichten Artikel "Die Religion Israels" zurück.[232]

Es bleibt die Frage, wann Kaufmann von seiner Absicht Abstand genommen hatte, seine frühe Ausarbeitung der Religionsgeschichte in Deutsch zu veröffentlichen. Diesbezüglich dürfte das partiell dokumentierte, spannungsreiche Verhältnis zu Johannes Hempel, dem Herausgeber der *ZAW*, aufschlußreich sein.
Als Kaufmann in den frühen dreißiger Jahren wegen der Drucklegung seiner religionsgeschichtlichen Untersuchungen mit Hempel korrespondierte, wird er nicht dessen schon damals fragwürdige Ansichten gekannt haben, die den Herausgeber der *ZAW* dann zehn Jahre später veranlaßten, für den nazistischen Rassenwahn eine Lanze zu brechen.[233] Ist es doch äußerst unwahrscheinlich, daß der in Haifa lebende Kaufmann Gelegenheit gehabt haben sollte, Hempels 1931 in der *Monatsschrift für Pastoraltheologie*[234] abgedruckte Äußerungen zu lesen.[235] Hätte Kaufmann jenen Text gesehen, so wäre zwar denkbar, daß Hempels substitutionstheologische Vorstellungen Kaufmann nicht unbedingt davon abgehalten haben müßten, mit Hempel in seiner Eigenschaft als Herausgeber der *ZAW* zu korrespondieren; bezeugen doch Kaufmanns Aufzeichnungen sowie seine schon damals veröffentlichten Publikationen, daß ihm diese auch von anderen christlichen Fachkollegen geteilte Einstellung Hempels hinreichend bekannt gewesen war. Dagegen ist unvorstellbar, daß Kaufmann in Hempel noch einen potentiellen Herausgeber seiner Arbeiten gesehen haben könnte, wenn ihm Hempels antijüdische, antizionistische Einstellung in ihrer su-

---

[232] (Heb) "Die Religion Israels", *EB(B)* 2(1954)724-772.

[233] Vgl Hempels "Chronik", *ZAW* 59(1942/43)209-215, insbesondere 212-213. — Zu diesem Thema vgl ferner Smend, R., "Die älteren Herausgeber der ZAW", *ZAW* 100(1988), *Supplement*, 18-20.

[234] Hempel, Johannes, "Altes Testament und völkische Frage", *MPTh* 27 (1931)165-178. — Smend bemerkt (*a.a.O.*, 19, Anm 66), dieser Titel sei in der in *ThLZ* 76(1951)501-506; 87(1962)395-398 veröffentlichten Bibliographie Hempels übergangen worden; hier scheint Smend ein Versehen unterlaufen zu sein, vgl *ThLZ* 76(1951)501.

[235] Hempel *a.a.O.*, 172-173, 176-178.

spekten Verbindung mit dümmlichen Deutschtümeleien bekannt gewesen wäre.[236]

In den vorliegenden Briefen Hempels an Kaufmann wußte ersterer seine Gefühle und Neigungen zu verbergen: Im Ton sind sie korrekt gehalten — u.U. verdächtig korrekt, was im Rückblick jedoch schwer zu entscheiden ist; der Inhalt ist sachlich dargelegt. Gegenstand dieser Schreiben ist eine Differenz zwischen Kaufmann und Hempel über die Veröffentlichung eines wichtigen Textes, der dann nie in deutscher Sprache publiziert worden ist: Am 1.11.1931 hatte Kaufmann an Hempel einen Text mit einem Begleitschreiben geschickt:[237]

"... ich schicke Ihnen heute die Fortsetzung der 'Probleme': iii. 'Zur Geschichte des Zehnten' und iv. 'Priester und Lewiten'. Die beiden Beiträge hängen inhaltlich zusammen und bilden ein Ganzes. Diese Beiträge treten nun an die Stelle meines zweiten Aufsatzes, den Sie noch haben ... Ich wäre Ihnen sehr dankbar, wenn Sie mir mitteilen wollten, warum Sie jenen noch nicht zum Abdruck gebracht haben. Allenfalls möchte ich Sie bitten, mir denselben zurückschicken zu wollen, da er inzwischen wohl etwas veraltet worden ist, und ich ihn umarbeiten möchte."

Von "iv. 'Priester und Lewiten'" — diese Untersuchung wurde in deutscher Sprache nie veröffentlicht — liegt das maschinell geschriebene Manuskript fast vollständig vor; am Ende (S.35) trägt es den in Tinte geschriebenen Vermerk, "Abgeschlossen am 1. Nov. 1931"[238], d.h. an dem Datum des zitierten Schreibens. Zehn Tage später[239] erwiderte Hempel in verbindlichem, fast väterlichem Ton, daß er Verständnis für die Schwierigkeiten jener Autoren hätte, die weit ab von europäischen Bibliotheken arbeiteten; jedoch könnte er Kaufmanns Beiträge iii und iv in dessen eigenem Interesse nicht

---

236 Hempel *a.a.O.*, 178.
237 Der maschinenschriftliche Durchschlag des Begleitschreibens liegt vor (*Kaufmann Archive*, no 76) — in dieser Korrespondenz der einzige Text aus Kaufmanns Feder.
238 *Kaufmann Archive*, no 76.
239 Am 10.11.1931 (*Kaufmann Archive*, no 115).

publizieren; es folgten Erklärungen, wie überfüllt die *ZAW* sei, so
daß Kaufmann den zurückgeforderten Beitrag auf keinen Fall
erweitern dürfte. Einen knappen Monat später teilte Hempel dann
Kaufmann mit[240] — offensichtlich auf dessen Nachfrage —,
worin Kaufmanns disqualifizierende Lücke bestanden hatte:
Eißfeldts Untersuchung zum Zehnten[241] nicht zur Kenntnis
genommen zu haben; ferner schreibt Hempel in dieser Antwort:
"Daß Sie ein Manuskript vermissen, wundert mich, da ich Ihnen alles,
was ich von Ihnen hier habe, zugestellt habe." Einen weiteren knappen Monat darauf wiederholte Hempel seine Begründung,[242]
Kaufmanns Aufsatz nicht veröffentlichen zu können, weil Eißfeldt
nicht berücksichtigt sei.

Da Kaufmanns Schreiben an Hempel nicht vorliegen, läßt sich
nicht rekonstruieren, welches Manuskript Kaufmann vermißt hatte. Es läßt sich nur mutmaßen, daß es sich um den am 2.2.32 abge-
schlossenen[243] und in *ZAW* tatsächlich abgedruckten Aufsatz, "III.
Die Unabhängigkeit des Pentateuchschrifttums vom Prophetismus"[244], gehandelt haben könnte. Festzuhalten ist, daß es Kaufmann nicht gelungen war, seine Untersuchungen in der Reihenfol-
ge erscheinen zu lassen, die ihm, laut seinem oben zitierten Schreiben an Hempel, sinnvoll erschienen war. Ferner ist dokumentiert,
daß Kaufmann nur die drei genannten einzelnen Untersuchungen[245] seines in den frühen dreißiger Jahren auch für die
deutschsprachige Öffentlichkeit gedachten Werkes publizieren
konnte.

Hempels Kritik wurde von Kaufmann durchaus ernstgenom-
men: In einem unveröffentlichten, deutsch verfaßten, jedoch nicht
genau datierbaren Text, "iv. Geschichte des Zehnten"[246], setzt sich
Kaufmann mit Eißfeldts Ansichten zum Zehnten auseinander —

---

[240] Auf einer undatierten Postkarte mit Poststempel vom 6.12.31 (*Kaufmann
Archive*, no 115)
[241] Eißfeldt, O., *Erstlinge und Zehnten im Alten Testament. Ein Beitrag zur Geschichte des israelitisch-jüdischen Kultus*, BWAT 22(1917).
[242] Brief vom 3.1.1932 (*Kaufmann Archive*, no 115).
[243] Vgl *ZAW* 51(1933)47.
[244] *ZAW* 51(1933)35-47.
[245] S.o., Anm 215-217.
[246] *Kaufmann Archive*, no 76. — Der Anmerkungsapparat dieses Textes liegt
jedoch nicht vor.

in der Tendenz so wie dann später in den entsprechenden *TEI*-Passagen.[247]

Die Erfahrungen mit der *ZAW*, die zwar überfüllt gewesen sein mag, aus Kaufmanns Sicht jedoch von einem Mann herausgegeben wurde, der erkennbarerweise nur mit großer Behäbigkeit kooperierte, gaben Kaufmann sicher keinen Grund, sich dort für seine religionsgeschichtlichen Arbeiten eine Zukunft auszurechnen. Zwar erschien nach langgezogenem Hin und Her 1933 noch jener zweite Beitrag in *ZAW*; indessen dürfte die im gleichen Jahr im Zeichen des nazistischen Rassenwahnes zelebrierte Bücherverbrennung Kaufmann die letzten Hoffnungen, wenn nicht den letzten Rest von Interesse an einer Veröffentlichung in deutscher Sprache geraubt haben.

Mit Ausnahme einer kleinen Studie[248] hat Kaufmann bis an sein Lebensende sämtliche religionswissenschaftlichen Veröffentlichungen hebräisch verfaßt. Noch in den dreißiger Jahren erschienen die drei ersten Bücher von *TEI* I, im folgenden Jahrzehnt, dem zweiten an Birams *Bet HaSepher HaReali,* wurden *TEI* II-III publiziert.

Durch Übersetzungen ist inzwischen der wichtigste Teil von Kaufmanns Beitrag zur Geschichte der biblischen Religion auch der Öffentlichkeit außerhalb des hebräischen Sprachraumes zugänglich gemacht worden. In den fünfziger Jahren verfaßte Moshe Greenberg einen Artikel über Kaufmanns religionsgeschichtliches Werk[249] und übersetzte zwei Arbeiten Kaufmanns.[250] Mit Kaufmanns Zustimmung arbeitete Greenberg zugleich *KRI* aus, eine verkürzende amerikanische Übersetzung von *TEI* I-III, welche dann 1960 veröffentlicht wurde.[251] In den siebziger Jahren erschien zunächst eine partielle, dann eine vollständige amerikanische

---

247 *TEI* I, 144ff.
248 "Der Kalender und das Alter des Priesterkodex", *VT* 4(1954)307-313.
249 Greenberg, M., "A New Approach to the History of the Israelite Priesthood", *JAOS* 70(1950)41-47.
250 Kaufmann, Y., "The Bible and Mythological Polytheism", *JBL* 70(1951) 179-197. — Ders., "The Biblical Age", *Great Ages and Ideas of the Jewish People,* Ed. Leo W. Schwarz, New York 1956, 3-92.
251 Dazu s.u., S.138.

Übersetzung von *TEI* IV — nämlich *KHRI* — die von Clarence W. Efroymson besorgt wurde.[252]

Anfang der sechziger Jahre, nach dem Erscheinen von Greenbergs amerikanischer Übersetzung, wurde auch ein ergebnisloser Versuch unternommen, *TEI* gekürzt oder vollständig ins Deutsche zu übertragen. Damals zeigte der Zürcher Benziger Verlag Interesse, die Urheberrechte für eine deutsche Übersetzung zu erwerben. Offen war, ob *TEI* oder lediglich *KRI* als Übersetzungsvorlage dienen sollte.[253] Es ist nicht dokumentiert, woran diese Initiative gescheitert ist.

Außerdem kam es noch zu einer französischen Fassung, die *KRI* verpflichtet ist.[254] Da es sich um eine nicht ganz vollständige Übersetzung der unüberbotenen Zusammenfassung des Textes von *TEI* I-III aus Moshe Greenbergs Feder handelt, steht sie qualitativ hinter *KRI* zurück. Publizistisch bemerkenswert ist, daß die Übersetzer sich als Autoren eines eigenen Résumés von *TEI* I-IV ausgeben, aus dem ihre französische Version angeblich hervorgegangen sein soll: Zum einen ist unklar, inwiefern der vierte Band von *TEI* in den französischen Text eingegangen ist. Zum anderen ist der Eindruck einer frappierenden Ähnlichkeit mit Greenbergs *KRI* unwiderstehlich. Unter diesen Voraussetzungen ist unverständlich, daß der Herausgeber dieser Monographienserie André Chouraqui zehn Jahre nach der Veröffentlichung von *KRI* Greenbergs Leistung lediglich als gekürzte "englische Übersetzung" zu würdigen in der Lage ist.[255]

---

[252] S.u., S.138.

[253] Das geht aus folgenden Dokumenten hervor: Brief Dr Jacob Mittelmanns vom 12.7.1962 an Kaufmann (*Kaufmann Archive*, no 121 ב); Brief Dr H.M.Y. Gvaryahus, des Vorsitzenden der World Jewish Bible Society, an Dr Peter Krackeis, Benziger Verlag, vom 26.11.1962 (*Kaufmann Archive*, no 126); Brief Gvaryahus an Greenberg vom 18.2.1963 (*Kaufmann Archive*, no 126).

[254] Y. Kaufmann, *Connaitre la Bible*, traduit par Liliane Touboul et Claude Duvernoy, Paris 1970. Dieser Titel erschien in der Monographienreihe *Sinaï, Collection des Sources d'Israël*, bei *Presses Universitaires de France*.

[255] In seinem Vorwort zu dem in der voraufgehenden Anmerkung genannten Werk stellt Chouraqui dieses französische Opus wie folgt vor (S. 7-8): "Le livre que nous présentons aujourd'hui constitue une version abrégée des quatre volumes de l'original hébraïque. Nous regrettons, bien entendu, de n'avoir pu publier en langue française la totalité d'une oeuvre dont un résumé autorisé a déjà été publié en traduction anglaise. Nous sommes redevables de l'édition française à Mme L. Touboul qui a traduit... et a M.

Bezeugt Kaufmanns literarisches Werk seine genialen intellektuellen Fähigkeiten, so ist über seine fast drei Jahrzehnte ausgeübte Lehrtätigkeit kaum etwas zu erfahren. Biographisch ist von Interesse, daß nach Berichten einiger Zeitzeugen — die jedoch nicht genannt werden möchten — und laut einer kurzen schriftlichen Mitteilung[256] Kaufmann nicht die Fähigkeit besessen haben soll, seine Hörer zu begeistern. Dies leuchtet insofern ein, als nur mit Mühe nachzuvollziehen ist, wie selbst ein unverheirateter und in großzügiger Weise vom Unterricht freigestellter Gymnasiallehrer in der Lage gewesen wäre, neben seinem Beruf Kraft und Zeit zu finden, um ein epochemachendes, weitläufig angelegtes, religionsgeschichtliches Forschungsprojekt durchzuführen und außerdem ein beachtliches, zeitgeschichtlich wertvolles essayistisches Werk zu verfassen. So kann sich der Biograph kaum der Assoziation mit dem lakonisch reservierten Selbstporträt erwehren, das Kaufmann von einer mündlichen Legende zugeschrieben wird: "Ich habe keine Biographie, nur eine Bibliographie."[257] Angesichts dieses lückenhaften Bildes von seiner Lehrtätigkeit ist andererseits festzuhalten, daß Kaufmann paradoxerweise auch als Pädagoge seine Zeitgenossen beeinflußt zu haben scheint. Denn obwohl ihm keine praktischen pädagogischen Fähigkeiten nachgesagt werden, galten offenbar seine Stellungnahmen zu aktuellen bildungspolitischen Fragen manchem zionistischen Pädagogen vor und nach der Staatsgründung als wegweisend.[258]

---

le Pasteur Claude Duvernoy, qui a interprété les chapitres... Le lecteur aura tôt fait de déceler les différences de style et parfois même de points de vues dans la présentation de la pensée de Kaufmann, dont l'extrême richesse a été servie de manière différente, me semble-t-il, par les traducteurs à qui revient le mérite de la présente édition."

256 Vgl Blumenfield, Samuel M., "Yehezkel Kaufmann as Educator", *Judaism* 14(1965)205-211, S.205: "... nor can it be said that he (sc. Kaufmann) was an inspiring teacher."

257 Vgl Greenberg, Moshe, "Kaufmann on the Bible: An Appreciation", *Judaism* 13(1964)77.

258 Dazu s. Blumenfield. — Von einem der hebräischen Aufsätze, die Blumenfield zitiert, liegt eine gekürzte Übersetzung vor: Kaufman (sic), Y., "Anti-Semitic Stereotypes in Zionism. The Nationalist Rejection of Diaspora Jewry", *Commentary* 7(1949)239-245; zum Original vgl *BHZ* 257-274 (Erstveröffentlichung: 1933).

# Jerusalem — die Hebräische Universität

In seinem sechzigsten Lebensjahr erhielt Kaufmann 1949 einen
Ruf an die Hebräische Universität, wo er bis zu seiner Emeritierung
1957 Professor der Bibelwissenschaft war. Die Berufung erfolgte,
zwei Jahrzehnte nachdem Haim Bialik dem damaligen Kanzler
der Universität, J.L. Magnes, Kaufmann wärmstens empfohlen
hatte.[259] Daß Kaufmann, der in Israel sowie in der Diaspora als der
bedeutendste Bibelwissenschaftler seiner Zeit galt, erst an die
Hebräische Universität berufen wurde, als er de facto an der
Schwelle seines Lebensabends stand, scheint nicht nur mit verwal-
tungstechnischen Hindernissen in Zusammenhang gestanden zu
haben.

"His (sc: Kaufmann's) unorthodoxy (in both the traditional and critical sense), his scope (from the ancient Near
East to modern social movements), and his uncompromis-
ing self-assurance combined to keep him out of the Hebrew University during the best twenty years of his creative
life."[260]

Über die konkreten Umstände, die dazu führten, daß Kaufmann
beinahe als Emeritus auf einen Lehrstuhl berufen wurde, gibt es
zwar manch sensationelles Gerücht, jedoch keine beweiskräftigen
Dokumente. Nichtsdestoweniger ist evident, daß Kaufmanns geniale analytische Fähigkeiten und seine ungewöhnliche
wissenschaftliche und essayistische Produktivität angetan waren,
innerhalb des akademischen Betriebes auf konkurrierende
Kollegen beängstigend zu wirken. Ferner ist zu berücksichtigen,
daß Kaufmann mit seiner scharfen, oft ironischen Polemik seinen
Gegnern in unvorteilhafter Weise Angriffsflächen bot.[261]

---

[259] S.o., Zitat bei Anm 176.
[260] Greenberg, *Judaism* 13(1964)78.
[261] Vgl *ebd.*

Um 1960: *Yehezkel Kaufmann*

In seinen Jerusalemer Jahren setzte Kaufmann zunächst seine Arbeit an seinem religionsgeschichtlichen Hauptwerk fort. 1956 erschien *TEI* IV, worin die Darstellung der Geschichte Israels bis zum Beginn der nachexilischen Epoche weitergeführt wurde. Damit endet Kaufmanns *Geschichte der Israelitischen Religion.* Laut seinem Untertitel hatte das Werk die Geschichte Israels *Von den Anfängen bis zum Ende des Zweiten Tempels* umfassen sollen. Nach dem Erscheinen von *TEI* IV unterbrach Kaufmann jedoch seine Arbeit an *TEI,* um sich verstärkt der ältesten biblischen Überlieferung zuzuwenden. Versuche, ihn umzustimmen, schlugen fehl, wie ein Brief an Moshe Greenberg vom 12.6.1960 bezeugt:

"I am presently working on the song of Deborah. I see that you too are not happy with my absorption in the exposition of these books. Your opinion is, to tell the truth, that of all my friends; but I cannot agree. I do not plan to comment on all the Former Prophets, but the case of Joshua and Judges is special: these books relate to the *beginnings* of the people of Israel, and their testimony is decisive also for the beginnings of the *religion* of Israel. Prevailing criticism labors at demolishing these monuments. Here are historical narratives prior to the monarchy, and this [fact] criticism will not acknowledge in any way, because to do so would demolish its edifice. For such a complicated problem general explanations are of no avail. One must deal with every chapter, every verse. Eissfeldt, in his review of my monograph on Joshua...[262] wondered at my not having anything to say about Judg 3:2, and considered that a major stricture. Had I dealt with that verse challenges would have been raised about other verses. One must produce a detailed commentary, and I am only sorry that I cannot find someone to translate [mine on] Joshua."[263]

---

[262] Sc: *BACC* (1. Aufl. 1953). — Eißfeldts Rezension: "Die Eroberung Palästinas durch Altisrael", *WO* 2.2(1955)158-171. [Eißfeldt hat ferner ein Kurzreferat von *BACC* verfaßt: *OLZ* 50(1955)534-535.]

[263] *BACC,* 10 (in *Preface to the Reissue,* 1985).

Bereits 1953 war *BACC,* eine Studie über die Landnahme, erschienen — diese englische Übersetzung M. Daguts wurde gedruckt, noch bevor deren hebräische Vorlage publiziert worden war. Die Kommentare der Bücher Josua[264] und Richter[265] erschienen 1959 und 1962, wurden jedoch nie übersetzt. Danach hatte der inzwischen schwer erkrankte Gelehrte weder Gelegenheit, das erste Buch seines religionsgeschichtlichen Hauptwerkes zu überarbeiten,[266] noch den ausstehenden Teil zu verfassen.[267]

Am הושענא רבה, כ״א בתשרי תשכ״ד, d.h. am 21. Tischri 5724 und Vorabend des *Simhat Torah*-Festes, des Festes der Torahfreude, als man den 9. Oktober 1963 schrieb, starb Yehezkel Kaufmann in Jerusalem.

---

[264] *KAUFMANN, Josua.*
[265] *KAUFMANN, Richter.*
[266] Kurz vor seinem Tod war Moshe Weinfeld von Kaufmann gebeten worden, ihm bei dieser Neuauflage zu assistieren (vgl *WEINFELD, Kaufmann,* 436).
[267] *TEI* IV (=*KHRI* ) trägt den Untertitel, *Von der Babylonischen Gefangenschaft bis zum Ende der Prophetie.* Somit blieb *TEI,* der Titel *GESCHICHTE DER ISRAELITISCHEN RELIGION. Von den Anfängen bis zum Ende des Zweiten Tempels,* unvollendet.

# Yehezkel Kaufmanns Beitrag zur Geschichte der biblischen Religion

## Einleitendes

Im folgenden wird versucht, methodische Besonderheiten von Kaufmanns religionsgeschichtlichem Werk aufzuzeigen und sie vor dem Hintergrund ihrer biographischen Voraussetzungen nachzuvollziehen. Kaufmanns Beitrag zur Geschichte der biblischen Religion ist praktisch von allen christlichen Vertretern der Disziplin verkannt oder ignoriert worden. Nichtsdestoweniger ist m.E. vor allem Kaufmanns historische Bewertung der Priesterschrift (P) nach wie vor von Bedeutung, auch wenn manche persönliche Ansichten Kaufmanns über P, heute, ein halbes Jahrhundert nach ihrer Publikation, bereits korrigiert worden sind.[268]

Die eingestandene persönliche Hochschätzung von Kaufmanns Beitrag zum Verständnis von P bedingt die Akzentsetzung in der nachfolgenden Diskussion methodischer Besonderheiten seines religionsgeschichtlichen Werkes. Dabei sollen Zusammenfassungen seiner Argumentationen nicht als Darstellung von Kaufmanns tausende von Seiten umfassendem religionsgeschichtlichen Werk verstanden werden.[269] Mehrere Jahrzehnte nach dessen Publi-

---

[268] Exemplarisch kann hier nur auf ein einziges Werk verwiesen werden, dessen Autor zwar Kaufmanns historischer Interpretation von P verpflichtet ist, der jedoch für das Verständnis von P wichtige Differenzierungen geltend gemacht hat: Haran, M., *Temples and Temple-Service in Ancient Israel, An Inquiry into the Character of Cult Phenomena and the Historical Setting of the Priestly School*, Oxford 1978; reprint with altered sub-title: *An Inquiry into Biblical Cult Phenomena and the Historical Setting of the Priestly School*, new preface and corrections, Winona Lake, Indiana 1985.

[269] Eine umfassende englische Darstellung von *TEI* liegt in *KRI* und in *KHRI* (ungekürzte Übersetzung von *TEI* IV) vor. In seiner Eigenschaft als *gekürzte* Übersetzung von *TEI* I-III ist *KRI* unüberbietbar geeignet, der Öffentlichkeit außerhalb des neuhebräischen Sprachraumes Kaufmanns Beitrag zur biblischen Exegese und zur Geschichte der biblischen Religion als Ganzheit zu erschließen — obgleich der Übersetzer, Moshe Greenberg, fast drei Jahrzehnte nach dem Erscheinen von *KRI* einmal mündlich bedauerte, daß Kaufmanns Darlegungen zur biblischen Eschatologie (*TEI* III, 626-656) in das *KRI*-Korpus nicht miteingegangen waren. — Da im

kation werden bei den nachfolgenden methodischen Überlegungen jene Positionen Kaufmanns, die inzwischen korrekturbedürftig sind, nur dann zur Diskussion gestellt, wenn dies methodisch relevant ist.

---

deutschen Sprachraum keine Darstellung von Kaufmanns Religionsgeschichte vorliegt, sei auch auf den zweiten Teil meiner ausstehenden Monographie hingewiesen, in dem Kaufmanns Interpretation der biblischen Priesterreligion vor dem Hintergrund seines Monotheismusbegriffs vorgestellt wird.

# Der deduktive Monotheismusbegriff und das geschlossene System

In *TEI* legt Kaufmann ein geschlossenes System der biblischen Religion vor. In diesem Sinne ist Kaufmanns als *Religionsgeschichte* — תולדות האמונה — bezeichnetes Werk die erste Biblische Theologie aus der Feder eines jüdischen Bibelwissenschaftlers. Mit seinem System ist Kaufmann bemüht, das Prinzip der biblischen Religion herauszuarbeiten. In dieser Eigenschaft kann kein anderes Werk *TEI* seinen Rang streitig machen:

> "Kaufmann's *History of the Religion of Israel* is the boldest attempt of any twentieth century scholar to comprehend the entire range of biblical scholarship within a single, systematic work. In its system of classification and generalization it ranks with the *Lehrgebäude*, the comprehensive theories which constitute the glorious achievement of those who laid new foundations for Bible scholarship in recent generations."[270]

In *TEI* ist Kaufmanns anerkannte philosophisch-analytische Fähigkeit evident wie auch sein scharfes Differenzierungsvermögen und sein feinfühliges Gespür, geistesgeschichtliche Entwicklungen zu erfassen.[271] Obgleich es ihm gelingt, die großen Linien zu skizzieren, widerfährt dem biblischen Stoff allerdings mitunter Gewalt, da er in den Rahmen eines geschlossenen Systems gezwängt wird.

---

[270] Talmon, S., "Yehezkel Kaufmann's Approach to Biblical Research", *C Jud* 25/2(1971)28. Vgl ferner das Votum von R.K. Harrison, *Introduction to the Old Testament*, Grand Rapids 1969, 374 über die forschungsgeschichtliche Bedeutung von *TEI*: "By far the most important treatise since the time of Wellhausen to deal with the origin and nature of Hebrew religion was the eight-volume work published by Yehezkel Kaufmann between 1937 and 1956."

[271] Vgl *WISSLAVSKY*, 265; *WEINFELD, Kaufmann*; Greenberg, *Judaism* 13 (1964)86 u.a.

Voraussetzung von Kaufmanns Verständnis der biblischen Religion ist sein Monotheismusbegriff, der deshalb zunächst kurz skizziert sei:[272]

Der Monotheismus sei zum ersten Mal in der biblischen Religion anzutreffen, aus deren Tradition auch die jüngeren monotheistischen Buchreligionen, Christentum und Islam, hervorgegangen seien. Das Wesentliche des Monotheismus sei nicht die numerische Reduzierung einer Vielzahl von Gottheiten auf eine. Vielmehr sei der biblische Monotheismus charakterisiert durch das Fehlen polytheistischer Metaphysik. In polytheistischen Religionen stehe der Mensch einer komplexen metaphysischen Realität gegenüber, bestehend aus dem Göttlichen und dem Über— oder Metagöttlichen. Entsprechend seien polytheistische Gottheiten nicht in der Lage, souverän über ihre eigene Existenz zu entscheiden. Vielmehr stelle der Mythos sie als Wesen vor, deren Dasein von präexistenten, kosmischen Gegebenheiten wie Schicksal, Notwendigkeit, biologischen Stoffwechselprozessen (Geburt und Fortpflanzung, Sterben und Auferstehen, Nahrungsaufnahme etc) abhängig sei. Analog seien diese metaphysisch bedingten, ontologischen Begrenzungen polytheistischer Gottheiten auch in der Magie anzutreffen: Stünden doch polytheistische Gottheiten nicht außerhalb der Einflußsphäre des Magiers. Denn jene Gottheiten seien nicht eo ipso vor magischen Kräften sicher, sondern müßten sich mittels magischer Gegenmaßnahmen vor den kosmischen Gesetzmäßigkeiten des Metagöttlichen schützen. In diesem Sinne sei der Polytheismus charakterisiert durch eine aus drei Kategorien bestehenden Metaphysik: Dem Menschen sei die Sphäre der Götter übergeordnet. Diese stünden in ontologischer Abhängigkeit vom Metagöttlichen. Das bedinge eine Begrenzung göttlicher Souveränität.

Im Unterschied zu polytheistischen Religionen sei der biblischen Religion das Metagöttliche unbekannt: Die biblische Gottheit beherrsche souverän den Kosmos. Es werde kein Mythos überliefert, der speziell über das göttliche Sein oder die Biographie der biblischen Gottheit Zeugnis gäbe. Denn im Unterschied zu polythei-

---

[272] Vgl *TEI* I, 221-737; *KRI* 7-149; ferner seine deutschen Ausführungen aus den zwanziger Jahren (s.u., S.117-119), wo manche der hier skizzierten Gedanken bereits anklingen.

stischen Religionen müsse der Mensch über die Ontologie der Gottheit nicht unterrichtet sein. Analog gäbe es auch keinerlei magische Realität, die für das Sein der biblischen Gottheit in irgendeiner Weise relevant wäre. Und sei die Realität des Metagöttlichen nicht gegeben, könne die Gottheit sich damit begnügen, dem Menschen lediglich ihren Willen zu offenbaren.

Methodisch erarbeitet Kaufmann seinen Monotheismusbegriff durch einen religionsphänomenologischen Vergleich, wobei deduktiv analysiert wird: Die biblische Religion wird konsequent als amythologisch interpretiert, indem die unmythologische Qualität für den biblischen Monotheismus als ebenso wesenhaft dargestellt wird[273] wie das mythisch-magische Moment für den Polytheismus.[274]

---

[273] Schon in *KGN* I, 258 wird die biblische Religion als unmythologisch (ולא-מיתולוגי) bezeichnet. Die Idee wird jedoch erst in *TEI* entwickelt (vgl bei Anm 107).

[274] Die Terminologie, "unmythologisch", "amythologisch" oder "mythologielos", — vgl ‏ילא-מיתולוגי‏ (*TEI*, I, 418ff), "non-mythological" (*KRI* 60-61,65, 67 u.ö.) — mag im deutschsprachigen Raum vor dem Hintergrund der in den vierziger Jahren einsetzenden Mythologiediskussion problematisch erscheinen — vgl die ab 1948 erscheinende Reihe *Kerygma und Mythos* und kurze Texte zur Mythologiediskussion wie Grobel, K., "Bultmann's Problem of NT 'Mythology' ", *JBL* 70(1951)99-103; Ott, H., "Entmythologisierung", *RGG*³ II(Tübingen 1958)496-499. — Hierzu ist zweierlei anzumerken: 1. *Inhaltlich* ist zu berücksichtigen, daß es bei Kaufmanns Rede von der "Mythologielosigkeit der israelitischen Religion" — "Israel's nonmythologism" (*KRI* 61) — um alles andere als um eine qualitative Bewertung des Mythologischen geht: Kaufmann setzt sich als *Religionshistoriker* mit den religionsphänomenologischen Aspekten der polytheistischen Mythologie auseinander. Dabei sind *die hermeneutischen Probleme, die das mythologische Weltbild religiöser Tradition dem Theologen in der Postmoderne aufgibt*, nicht Gegenstand von Kaufmanns Auseinandersetzung mit dem Mythos. — 2. *Forschungsgeschichtlich* ist zu beachten, daß Kaufmanns religionsgeschichtliche Interpretation der JHWH-Religion als Entmythologisierung (dieser Begriff in *TEI* I, 429; *KRI* 65) des polytheistischen Weltbildes bereits 1937 der Öffentlichkeit vorlag — d.h. Jahre vor dem ersten Erscheinen von R.Bultmanns "Neues Testament und Mythologie, Das Problem der Entmythologisierung der neutestamentlichen Verkündigung", *Offenbarung und Heilsgeschehen (Beiträge zur Evangelischen Theologie)*, Bd 7, Göttingen 1941, Nachdruck in *Kerygma und Mythos* 1(1948)15-53: Erst dieser nach Kaufmanns *TEI* I veröffentlichte Text Bultmanns löste die Mythologiediskussion aus.

Kaufmanns Verständnis der biblischen Religion ist theozentrisch: Die Religion des biblischen Israel sei von einem einzigen Grundprinzip beherrscht, nämlich vom Willen JHWHs. Wesentliche Charakteristik der JHWH-Religion sei, daß der Wille JHWHs als letztes, einzig maßgebliches kosmisches Prinzip erlebt werde.[275] Zugleich ist damit auch die Charakteristik der außerbiblischen sowie der polytheistischen Religionen bestimmt: Im Unterschied zur JHWH-Religion erführen jene die Welt nicht als von einem allmächtigen, göttlichen Willen beherrscht, sondern als Schauplatz und als Objekt metaphysischer Machtkämpfe.

Der deduktive Charakter dieser religionsphänomenologisch vergleichenden Unterscheidung des Monotheismus vom Polytheismus liegt deutlich zu Tage: Die wesentliche Charakteristik der JHWH-Religion wird erarbeitet, indem die biblische Religion phänomenologisch untersucht wird. Sodann wird die Morphologie der biblischen Religion mit anderen Religionen verglichen. Dabei wird beobachtet, daß in der biblischen Religion der Wille einer einzigen Gottheit das letzte, allein entscheidende kosmische Prinzip sei. Von diesem Befund ausgehend, wird die Eigenart der biblischen Religion *abgeleitet:* Im Gegensatz zur biblischen Religion sei in den außerbiblischen Religionen der Wille einer einzigen Gottheit nicht das Entscheidende... *Ergo* sei dies das Charakteristische, ja das Einzigartige des biblischen Monotheismus.

Entsprechend ist Kaufmanns Metaphysikbegriff deduktiv: Metaphysik[276] sei jenes Geschehen, welches sich zwischen dem Göttlichen und dem Metagöttlichen ereigne. In der biblischen Religion fehle diese Vorstellung, weil ihr die Dimension des Metagöttlichen, die den Polytheismus charakterisiere, unbekannt sei. Denn in der biblischen Religion werde diese Dimension von der Erfahrung ersetzt, daß ausschließlich der offenbarte Wille des allmächtigen JHWH für Schöpfung und Geschichte von Bedeutung sei.

In methodischer Hinsicht ist dieses deduktive, religionsphänomenologisch vergleichende Verfahren äußerst problematisch.[277]

---

275 S.u., Zitat bei Anm 317.

276 Wird hier von Kaufmanns Auffassung von Metaphysik gehandelt, so ist festzuhalten, daß der Begriff *Metaphysik* in *TEI* nirgends zur Diskussion gestellt wird.

277 Dazu s.u., S.96ff.

Dennoch hat es auch einen positiven Ertrag: Im Kontext seiner deduktiv ermittelten Morphologie polytheistischer Religionen vermag Kaufmann deutlich werden zu lassen, wie leicht der Religionshistoriker der Gefahr erliegt, unbewußt Monotheistisches in den Polytheismus hineinzuprojizieren — beispielsweise die der monotheistischen Erfahrung selbstverständliche Vorstellung von der Einheit von göttlichem Willen und göttlicher Prädestination; tatsächlich liege nach polytheistischem Erleben die Prädestination außerhalb und jenseits der Gottheit.[278]

Problematisch ist ferner, daß Kaufmann versucht, die biblische Religion als geschlossenes Weltbild vorzustellen, in dem der Wille JHWHs als das den Kosmos beherrschende, allmächtige Prinzip erlebt wird.[279] Diese Darstellung der biblischen Religion als geschlossenes System bringt erhebliche Schwierigkeiten mit sich. Zwar ist vertretbar, daß das Böse in der biblischen Überlieferung nirgends eine ernste Gefahr für JHWHs vorrangige Macht und Position bedeutet. Jedoch führt Kaufmann selbst aus, daß die Freiheit menschlichen Entscheidens — die Freiheit zur Sünde — der Allmacht JHWHs Grenzen setze.[280] Steht das Denken von der Allmacht Gottes nicht erst in der Postmoderne philosophisch und theologisch unter dem Vorzeichen größter Aporien,[281] so ist Kaufmanns skizzierte Ansicht problematisch, daß nach biblischer Auffassung JHWHs Wille das entscheidende kosmische Prinzip sei. Analog läßt sich Kaufmanns Beobachtung nicht ohne weiteres nachvollziehen, daß die Festlegung von Zeiten ausschließlich moralischen, von JHWH festgelegten Gesetzmäßigkeiten folge: Verdienst sei maßgeblich für die Zeit der Belohnung, Sünde für die der

---

[278] Vgl dazu *TEI* I, 358-360.

[279] Vgl *TEI* I, 451-455.

[280] *TEI* I, 453f.

[281] Zum philosophischen Problem der Allmacht Gottes im Zeitalter nach Auschwitz vgl Hans Jonas, *Der Gottesbegriff nach Auschwitz*, Frankfurt 1987 (Suhrkamp Taschenbuch 1516); Erstveröffentlichung in Hofius, O., (Hrsg) *Reflexionen in finsterer Zeit*, Tübingen 1984, 61-86. Zur theologischen Zurückhaltung gegenüber der Vorstellung von der Allmacht Gottes, welche die jüdische Theologiegeschichte von Anfang an charakterisiert, vgl E.L. Fackenheim, *God's Presence in History: Jewish Affirmations and Philosophical Reflections*, New York 1970.

Strafe, Umkehr für jene der Gnade.[282] Selbst wenn diese kosmischen Zusammenhänge von JHWH eingerichtet sind, zeitigen sie dennoch eine Beschränkung des freien göttlichen Willens, insofern diese Zeitenfolge ausschließlich von der moralischen Verfassung der Menschen abhängig ist.

---

[282] *TEI* I, 449-450.

# Die Ablehnung Ahad Ha-Ams und
## die Antithese zu Wellhausen

Stellt Kaufmanns Werk über die Religionsgeschichte Israels in biblischer Zeit ein geschlossenes System vor, so mag ein Zusammenhang mit seiner philosophischen Bildung oder Neigung u.U. naheliegend erscheinen. Indessen dürfte diese Eigenart primär durch andere biographische Faktoren bedingt sein.

Zeitlebens war Kaufmann bemüht — um es mit seinen eigenen Worten zu sagen — über "das gesamte Problem des Judentums, sowohl das Geschichts— wie das Gegenwartsproblem" Aufschluß zu gewinnen.[283] Dieses Interesse, das er von Jugend auf mit zeitgenössischen jüdischen Nationalisten geteilt hat, ist bereits in seiner ersten Auseinandersetzung mit Ahad Ha-Am erkennbar.[284] Hatte doch Kaufmann den Monotheismus als das entscheidende Charakteristikum des Judentums herausgestellt, welches über Jahrtausende hinweg, trotz der Zerstreuung des jüdischen Volkes, dessen Identität verbürgt hatte. Erachtete Kaufmann die biblische Religion als das entscheidende Moment in der jüdischen Geschichte, so mußte ihm als Wissenschaftler daran gelegen sein, dieses Phänomen mit historisch-kritischen Methoden zu ergründen und seine neue Idee von der amythologischen Eigenart der biblischen Religion wissenschaftlich auszuarbeiten. Er scheint von dieser Idee so sehr gefesselt gewesen zu sein, daß er immer wieder dazu neigte, jenes amythologische Wesen der biblischen Religion zu einem geschlossenen System zu entwickeln. Indem Israels Erfahrung und Religionsgeschichte darin eingebunden wird, wird jedoch manchen Aspekten der biblischen Tradition Gewalt angetan.

Die Interpretation des biblischen Monotheismus als amythologisch einerseits und die in der Auseinandersetzung mit Ahad Ha-Am entwickelte Sicht andererseits, daß der biblische Monotheismus nicht evolutionistisch aus einer henotheistischen Vorstufe hervorgegangen sei, geben den Hintergrund ab für Kaufmanns Auffassung, der Monotheismus sei plötzlich, durch eine "monotheistische Revolution", entstanden. Dabei seien alte polytheistische Mate-

---

[283] S.u., S.123.
[284] S.o., S.41-46.

rialien im Sinne des neuen Monotheismus auf radikale Weise uminterpretiert worden. Diese Umwälzung sei für die Eigenart der biblischen Religion entscheidend und präge auch deren Kult: Im Zuge
der monotheistischen Revolution verliere der Kult seine polytheistische Ratio, insofern die biblische Gottheit, im Unterschied zur
polytheistischen, auch ohne den Kult existieren könne; die biblischen Kultanweisungen seien lediglich ein Gnadenerweis JHWHs,
ein Mittel, dem Israeliten zu ermöglichen, seiner Verehrung der
Gottheit Ausdruck zu verleihen.

Erst in einer späteren Phase seines Schaffens, deren Anfang in
Kaufmanns Auseinandersetzung mit Ahad Ha-Am dokumentiert
ist, greift Kaufmann Julius Wellhausen und dessen Schüler heftig
an: Kaufmann stört sich an der Vorstellung, der Monotheismus sei
evolutionistisch entstanden und habe sich evolutionistisch fort-
entwickelt. So lehnt Kaufmann die Wellhausensche Auffassung
ab, wonach die klassische Prophetie als Anfang des biblischen Monotheismus gesehen wird,[285] aus dem sich in nachexilischer Zeit
die Priesterschrift entwickelt haben soll. Diese Vorstellung sei
historisch nicht erweisbar. So weit ist Kaufmanns vehemente Ablehnung der Wellhausenschule die Konsequenz seiner Zurückweisung analoger Ansichten Ahad Ha-Ams,[286] die sich in der Wellhausenschule jedoch unter ganz anderen Voraussetzungen entwickelt hatten. Außerdem mußte sich Kaufmann an jenen dubio-
sen substitutionstheologischen Prämissen der christlichen Tradition stören, die für Wellhausens Interpretation der biblischen Religion bestimmend sind. Führten sie doch zu historischer Verne-
belung etwa dadurch, daß die Priesterschrift als "Gesetz", d.h. als
"spätjüdische" Degenerierung des vorexilisch-prophetischen "Evan-
geliums", entstellt wird...[287] Kaufmanns vernichtende Kritik an

---

285 Bereits in seiner 1910/11 verfaßten Studie widerspricht Kaufmann dieser
Auffassung (s.o., S.46); ebenso in *KGN* I, 259 (1929), wo die kritisierten
Vertreter "der modernen Bibelwissenschaft" jedoch nicht namentlich genannt werden.
286 S.o., S.41-46, wo Ahad Ha-Ams eigene Ansichten jedoch nicht zur Diskussion gestellt werden konnten.
287 Zu diesem Komplex vgl Weinfeld, M. *Getting at the Roots of Wellhausen's
Understanding of the Law of Israel. On the 100th Anniversary of the Prolegomena*, The Institute for Advanced Studies. The Hebrew University of Jerusalem, Report No 14/79, Jerusalem 1979; Rendtorff, R., "Die jüdische Bibel

diesen historischen Paradigmata der Geschichte der biblischen Religion nimmt in der Auseinandersetzung mit Wellhausen Gestalt an.[288]

---

und ihre antijüdische Auslegung", Rendtorff, R./Stegemann, E. (Hrsg), *Auschwitz — Krise der christlichen Theologie,* München 1980, 99-116; Silberman, Lou H., "Wellhausen and Judaism", *Semeia* 25(1982)75-82. — Ferner auch der erste Teil meiner ausstehenden Monographie, in dem es um die Frage geht, weshalb Kaufmann von der Wellhausen verpflichteten Forschungstradition nicht rezipiert wurde.

[288] Zu Kaufmanns grundsätzlicher Kritik an Wellhausen s.u., S.101ff.

# Yehezkel Kaufmanns Religiosität — sein Begriff von Religion und Geschichte

In Kaufmanns Denken ist "das Geheimnis der israelitischen Religion" von zentraler Bedeutung.[289] Es hängt mit der Offenbarung des Grundgedankens zusammen, welcher die gesamte biblische Religion prägt. Inhaltlich handelt es sich um die vollständige Umkehrung des Grundgedankens, der für die polytheistische Religion bestimmend ist. Diese offenbarte Grundidee der biblischen Religion[290] hält Kaufmann für eine einmalige Schöpfung in der Menschheitsgeschichte.[291] Aber auch in seiner Darstellung der Geschichte Israels wird er nicht müde, die Einmaligkeit der israelitischen Religion mit zahlreichen Detailbeobachtungen hervorzuheben.[292]

Kaufmanns Auseinandersetzung mit der biblischen und postbiblischen Geschichte Israels ist wissenschaftlich, da er mit historisch-kritischen Methoden arbeitet. Nichtsdestoweniger ist seine Vorstellung von der Entstehung des Monotheismus religiös und unüberbietbar theozentrisch, insofern die Offenbarung JHWHs der Anfang des biblischen Monotheismus ist. Die göttliche Offenbarung und ihr Gegenstand, nämlich die in ihrer Qualität einmalige biblische Religion — das unterscheide das jüdische Volk von allen anderen Völkern in der Geschichte. Die bereits in *KGN* verwendete poetische Metapher für *Offenbarung* ist bezeichnend — "die neue religiöse Idee, die in der JHWH-Religion aufleuchtet"[293]. Kaufmann begreift den biblischen Monotheismus, jene einmalige Schöpfung und sonst nirgends anzutreffende Intuition, nicht als menschliche

---

[289] *KGN* I, 257-258; *TEI* I, 417 u.ö.; "Geheimnisse der Entstehung der monotheistischen Religion" (*TEI* I, 533). — In diesem Sinne wurde der Titel von *KIM* gewählt (s.u., 138).

[290] Die hier gebrauchte Terminologie — "Der Grundgedanke" oder "die Grundidee" מאידיאה היסטרית der "israelitischen" oder der "polytheistischen Religion" — ist aus *TEI* übernommen. Bereits in *KGN* I (1929) 257ff gebraucht sie Kaufmann immer wieder.

[291] *TEI* I, 417-419; 422.

[292] Beispielsweise, daß die Herabstufung der polytheistischen Götter zu Engelwesen im Zuge der Entstehung der JHWH-Religion in der Religionsgeschichte einmalig sei (*TEI* I, 425ff).

[293] *KGN* I, 258 (meine Übersetzung).

Leistung, sondern als Gegenstand göttlicher Offenbarung.[294] Zwar vermag er das kreative Element in der biblischen Religion als unmythologisch, unmagisch etc — all diese Qualitäten auf Grund einer Offenbarung — zu charakterisieren; indessen entzieht sich das *Geheimnis der israelitischen Religion,* nämlich das *Wie* jener grundlegenden Offenbarung, dem Zugriff wissenschaftlichen Erkennens:

"Das Aufleuchten der genial-originellen Schöpfung, sei es des Individuums oder sei es der Gesellschaft, vermögen wir nicht zu 'erklären'. Das Aufkommen jeder neuen und originellen Idee ist ein Aufleuchten eines Wunders, dessen 'Erklärung' in jedem Fall trügerisch oberflächlich ist. Freilich obliegt dem Historiker die Pflicht, die Phänomene zu erklären. Aber diese Aufgabe bringt auch die Pflicht mit sich herauszuarbeiten, was ihm in Wahrheit zu erkären *unmöglich* ist, die Grenze seines Interpretationsvermögens."[295]

Nach dem Zeugnis der biblischen Schriften sei die biblische Religion in der mosaischen Zeit entstanden. So ist Kaufmann bereit, im Sinne einer historischen Metapher Mose als den Stifter des Monotheismus zu betrachten. Zugleich präzisiert Kaufmann, wo die Grenzen religionsgeschichtlicher Erkenntnis liegen:

"...warum die neue religiöse Idee vom Willen eines höchsten Gottes in der Seele Moses' aufkommt und wie sie entsteht, können wir nicht wissen. Das wüßten wir auch nicht, wenn über diese Offenbarung mehr als ein schöner und wunderbarer Legendenkreis erhalten wäre. Lediglich über den sozialgeschichtlichen Hintergrund der Offenbarung können wir auf Grund des von Legenden umwobenen biblischen Zeugnisses etwas sagen."[296]

---

294 *TEI* II, 41ff.
295 *TEI* II, 41 (meine Übersetzung).
296 *TEI* II, 45 (meine Übersetzung).

Kaufmann ist sich durchaus bewußt, daß er sich mit dieser Konzeption der biblischen Religion auf der Grenze zur Theologie bewegt:

"Als Phänomen betrachtet ist auch diese Schöpfung (sc: nämlich die biblische Religion) lediglich eine einmalige Neuschöpfung des menschlichen Geistes. Was ihren Inhalt betrifft, liegen die Dinge jedoch anders. Hier sind wir genötigt, einen einzigartigen Eingriff göttlicher Lenkung (השגחה) vorauszusetzen. Indessen — damit haben wir bereits die wissenschaftliche Erforschung historischer Umstände verlassen und uns in den Bereich des Glaubens begeben."[297]

Für den historischen Materialismus hat Kaufmann überhaupt nichts übrig.[298] Sein Denken ist von der Überzeugung geprägt, daß menschlicher Geist, Kreativität und Ideen maßgebliche Faktoren in der Geschichte sind. Er befaßt sich mit den geistigen Faktoren, die für die Menschheitsgeschichte bestimmend sind. Entsprechend betrachtet er die jüdische Geschichte auf die entscheidenden religiös-geistigen Faktoren hin: Es wird nach den positiven Einflüssen — "positive religious influence", "positive religious force" — in der jüdischen Religion gefragt, weil diese für historisch maßgeblich gehalten werden.[299] Die Vorstellung vom Geist des Menschen als Schauplatz historischer Prozesse[300] und als gestaltende Kraft in der Menschheitsgeschichte bringt mitunter eine Begrifflichkeit und Vorstellungen mit sich, die bei Theologen üblicher sind als bei Religionshistorikern: *Die biblische Seele* (הנפש המקראית)[301],

---

[297] *TEI* I, Vorwort zum 5. Nachdruck (1964), S. לב (meine Übersetzung). — Zu diesem Thema vgl ferner Harans Aufsatz, (heb) "Auf der Grenze des Glaubens" (=*HARAN, Grenze* ).

[298] Vgl *KGN* I, 51-107; *BHZ* 9-163.

[299] Vgl exemplarisch *KCJ* 192.

[300] *KCJ* 4; 25-26; 190: "hidden in secret recesses of the soul"; vgl ferner die analoge Vorstellung (*TEI* I, 536), wonach die magischen Komponenten des Kultes in der Seele des Menschen verwurzelt seien.

[301] *TEI* I, 506.

*die Seele Israels* ([נפשו] של עם ישראל)[302], *die Volksseele* (נפש האומה)[303] oder נפש העם[304] ist entweder Subjekt historischer Prozesse oder deren Schauplatz; historische Prozesse finden statt *in den Tiefen der Volksseele* (במעמקי נפש האומה)[305] *in den geheimnisvollen Bereichen der Volksseele* (במסתרי נפש האומה)[306] oder *im Herzen des Volkes* (בלב העם)[307] — vgl *...auf ewig in seine (des Volkes* — עם) *Seele geschrieben* (נחקק לעולם ובנפשו)[308].

Wie bereits dargelegt, ist *TEI* die *erste Biblische Theologie aus der Feder eines jüdischen Bibelwissenschaftlers*, insofern die gesamte biblische Religion vorgestellt wird, als sei sie von einem einzigen Grundprinzip beherrscht. Inhaltlich geht es um religions— und geistesgeschichtliche Aspekte, mit denen eine historisch-kritische Auseinandersetzung stattfindet. Indessen ist bei Kaufmann kein theologisches Interesse erkennbar, das der Motivation christlicher Alttestamentler vergleichbar wäre, die *Theologie des Alten Testaments* zu erarbeiten. Hatte sich Kaufmanns theozentrische Interpretation der biblischen Religion aus seiner Auseinandersetzung mit Ahad Ha-Am entwickelt, so ist seine Ablehnung Wellhausens nicht maßgeblich für sein Verständnis der biblischen Literatur. Vielmehr entwickelt sich sein Interesse an der Geschichte und Theologie der biblischen Religion, am "Geheimnis der israelitischen Religion", aus seinem bereits in seinem dritten Jahrzehnt dokumentierten Ringen mit *dem gesamten Problem des Judentums, sowohl dem Geschichts— wie dem Gegenwartsproblem.*[309] In diesem Sinne ist Kaufmanns theozentrisches Verständnis der biblischen Religion nicht einfach eine theologische Interpretation der biblischen Literatur. Vielmehr gibt es sich zugleich biographisch als Auseinandersetzung eines jüdischen Nationalisten mit der ältesten Überlieferung seiner Kultur zu erkennen.

---

302  *KGN* I, 454.
303  *TEI* I, 506; II, 58 u.ö.
304  *TEI* I, 659, 737; II, 36.
305  *TEI* I, 419; II, 34.
306  *TEI* I, 285.
307  *TEI* I, 737.
308  *TEI* II, 39.

# Die qualitative Bewertung des Monotheismus und des Polytheismus

Die existentielle Komponente der skizzierten theozentrischen Sicht der biblischen Religion wirkt sich bei Kaufmann dahingehend aus, daß er immer wieder über die Qualität des Monotheismus sowie des Polytheismus Werturteile fällt.

Zunächst versteht Kaufmann universalistisch ausgerichtete Religionen als einer chronologisch-historischen, vor allem aber einer qualitativ höheren Entwicklungsstufe zugehörig: Geographisch nicht gebundene Religionen, die die Verehrung der universalen Gottheit überall ermöglichten, seien ortsgebundenen Religionen überlegen; während eine universale Religion kulturelle Assimilation zulassen könne, ohne daß die religiöse Identität dabei verloren gehen müsse, falle eine geographisch gebundene Religion, welche die Verehrung einer nur begrenzt herrschenden Gottheit fordere, notwendigerweise jeder kulturellen Assimilation zum Opfer. Bereits in seinem Frühwerk stellt Kaufmann die universale biblische Religion als qualitativ höher stehend vor, weil trotz politischer Exilierung und kultureller Assimilation die religiöse Identität des jüdischen Volkes erhalten geblieben sei.[310] Entsprechend neigt Kaufmann in seiner später verfaßten Geschichte der biblischen Religion (*TEI*) wiederholt dazu, den qualitativen Unterschied des biblischen Monotheismus zum Polytheismus der Völker des Nahen Ostens sowie zu polytheistischen Weltreligionen überhaupt zu betonen.[311] Diese nicht ohne weiteres nachvollziehbare Auffassung ist jedoch weder kulturchauvinistisch noch apologetisch motiviert. Vielmehr ist Kaufmann von der für ihn einmaligen und vergleichsweise qualitativ höher stehenden biblischen Religion fasziniert, weil er in ihr Israels Kraft sieht, trotz politischer Exilierung und kultureller Assimilation seine eigene religiöse, ethnische und kulturelle Identität aufrechtzuerhalten.

---

[309] Vgl Kaufmanns Formulierung, s.u., S.123.

[310] Vgl *KCJ* 181-192.

[311] Beispielsweise schließt die Diskussion über die Bedeutung polytheistischer Gottheiten für die Ethik und den Bestand der Gesellschaft (*TEI* I, 348): "*Der sündigende Gott — das ist eines der charakteristischsten Symbol des Polytheismus.*" (Meine Übersetzung).

Auf Grund dieser Faszination wird Kaufmann nicht müde, die Einmaligkeit der biblischen Religion hervorzuheben, indem er deren Besonderheiten mit polytheistischen Phänomenen vergleicht: Zunächst sei einer der für den biblischen Religionshistoriker zentralsten Gegenstände, nämlich die Entstehung der israelitischen Religion, in der menschlichen Geistesgeschichte ein einzigartiges Problem.[312] Ferner wird der einmalige Charakter einer großen Anzahl von Inhalten der biblischen Religion betont: Das Verhältnis zu polytheistischen Elementen aus der vorjhwhschen Zeit sei einmalig, insofern sie monotheistisch uminterpretiert und der neuen Idee dienstbar gemacht würden.[313] Entsprechend sei im Gegensatz zum polytheistischen Fest für das biblische charakteristisch, daß der Mensch am Leben der Gottheit keinen Anteil bekomme und daß nicht der Geschichte der Gottheit gedacht werde, sondern der gemeinsamen Geschichte JHWHs mit Israel.[314] Ebenso komme das typisch monotheistische Phänomen, die apostolische Prophetie, nur in Israel vor.[315] Ferner sei das durch den Apostelpropheten vollbrachte Wunder, welches auf des Apostelpropheten Akzeptanz des göttlichen Willens und auf des Propheten Gehorsam gegen jenen beruhe, eine einzigartige, ausschließlich in der biblischen Religion anzutreffende Vorstellung; sei doch die Verbindung des *Wunders* mit dem *Zeichen* eine *Neuschöpfung*, die im Polytheismus nicht ihresgleichen habe.[316] Mit Blick auf Kaufmanns Faszination von der Einmaligkeit der biblischen Religion ist seine Formulierung bezeichnend:

---

312 *TEI* II, 221.
313 *TEI* I, 532ff; 574-575.
314 *TEI* I, 574ff.
315 Unter apostolischen Propheten versteht Kaufmann Leute, die sich als Gesandte Gottes verstehen, wodurch sie sich von inspirierten, mantischen Seher-Propheten unterschieden. Das Phänomen der apostolischen Prophetie sei außerhalb Israels nicht anzutreffen. In Israel komme es erst in Zusammenhang mit dem entstehenden Monotheismus vor. (Dazu vgl *TEI* I, 731-737.)
316 *TEI* I, 473ff.

"Der Wille eines höchsten Gottes über allem Sein — das ist das Siegel der biblischen Religion. Darin unterscheidet sie sich von allen Religionen auf der Erde."[317]

Betont Kaufmann immer wieder die Einzigartigkeit der biblischen Religion, so scheut er sich nicht, bisweilen auch einseitige Qualitätsurteile zugunsten des Monotheismus zu treffen. Insgesamt ist jedoch zu berücksichtigen, daß er es unter der gleichen methodischen Voraussetzung — nämlich religionsphänomenologisch vergleichend — nicht an Kritik am Monotheismus fehlen läßt. Beispielsweise arbeitet er heraus, daß die Verehrung des Einen religiös sanktionierter Grausamkeit Tür und Tor öffne, da aus der Heiligkeit, der Ehre, dem Namen und den Sacra der einen souveränen Gottheit höchste selbständige Werte würden.[318]

Schließlich scheint Kaufmanns Terminologie, die bei einem Wissenschaftler bisweilen befremdend anmuten muß, mit der national-ideologischen Komponente seines Denkens in Zusammenhang zu stehen. Zunächst wird der Begriff "israelitische Religion" unsauber verwendet, da für Kaufmann "israelitische Religion" mit "biblischer Religion" gleichbedeutend ist, so als sei die religiöse Realität der vorexilischen Zeit tatsächlich auch mit dem Gegenstand der biblischen Literatur jener Epoche identisch.[319] Dies wird durch Kaufmanns Überzeugung bedingt sein, daß die Kultur der biblischen Epoche auch in postbiblischer Zeit für Israels Existenz weiterhin das Wesentliche ist. Zugleich ist bemerkenswert, daß Religion als Ausdruck von Ideologie oder eines Weltbildes[320] betrachtet werden kann: "... the conflict was also religious, ideologic-

---

[317] *TEI* I, 588 (meine Übersetzung).

[318] *TEI* I, 449-450.

[319] Vgl den Titel von *TEI* und in diesem Werk selbst den konsequenten Gebrauch von "israelitischer Religion", womit das Phänomen der *biblischen Religion* gemeint ist.

[320] Vor dem Hintergrund nazistischen Sprachgebrauches mag in diesem religionsgeschichtlichen Kontext dem heutigen deutschsprachigen Leser die Terminologie von der *Weltanschauung* unglücklich erscheinen: השקפת-עולם (*TEI* I, 254,419,422, 485, 558 u.ö.). In "Apokalypse Johannis", *EJ(D)* 2(1928)1140: "urchristliche Weltanschauung", "Weltanschauung des Paulus", "Weltanschauung der Apokalypse Johannis". In *ZAW* 51(1933)40: "...die Weltanschauung der Pentateuchgruppe ...".

al;"[321] in diesem Sinne wird *ideologisch* weitestgehend als Synonym für *religiös* gebraucht: "ideological basis"[322]; "Jewish ideology"[323]; "the ideological basis of the abolition of the traditional sacrificial system"[324]; "transition from Jewish to Christian ideology"[325]; "the ideological situation of the judaizers"[326]; "die Ideologie der Schriftprophetie"[327].

In hohem Maße problematisch ist, daß Kaufmanns religionsmorphologische Bewertung der biblischen Religion als unmythologisch und unmagisch auf einem zu eng gefaßten Mythologiebegriff beruht: Kaufmann reduziert das Phänomen des Mythos, indem er diesen als die Überlieferung biographisch-biologischer Ereignisse im Leben der Gottheit definiert. Ebenso ist Kaufmanns Interpretation mythologischer Elemente innerhalb der biblischen Überlieferung als "mythologische Fossilien" unglücklich, da er deren psychologische Aussage nicht in Erwägung zieht. Ferner ist sein Gebrauch des *argumentum ex silentio* fragwürdig,[328] nämlich seine Ansicht, daß die oberflächliche biblische Polemik gegen den Polytheismus echte Unkenntnis desselben bezeuge.[329]

---

[321] *KCJ* 78

[322] *KCJ* 96

[323] *KCJ* 130.

[324] *KCJ* 143.

[325] *KCJ* 152.

[326] *KCJ* 161.

[327] *TEI* III, 531.

[328] Das von Kaufmann wiederholt gebrauchte *argumentum ex silentio* ist speziell in diesem Kontext äußerst problematisch: Beispielsweise leuchtet Kaufmanns These nicht ein, daß die biblische Qualifizierung des Polytheismus als Verehrung von "Holz und Stein" oder "Silber und Gold" tatsächlich den Polytheismusbegriff der biblischen Autoren verrate, weil von ihnen über den Polytheismus nur diese Voten überliefert seien (vgl *TEI* I, 1-22, 255-285 u.ö.). Denn bei diesem Befund kann es sich auch um eine von den biblischen Autoren beabsichtigte Polemik oder um eine gewollte Verächtlichmachung polytheistischer Religionen handeln. Ebenso muß die von Kaufmann betonte Tatsache, daß die polytheistischen Mythen in der biblischen Literatur verschwiegen werden, nicht in jedem Fall bedeuten, die biblischen Autoren seien mit dem Objekt ihres Verschweigens nicht vertraut gewesen.

[329] Zur Problematik von Kaufmanns amythologischer Morphologie der biblischen Religion vgl die gründlichen Analysen von Faur, José, "The Biblical Idea of Idolatry", *JQR* 69(1978-79)1-15; Levenson, Jon D., "Yehezkel Kaufmann and Mythology", *C Jud* 36/2(1982)36-43; ders., *Sinai and Zion. An*

An Kaufmanns Auseinandersetzung mit dem Verhältnis der biblischen Religion zum Polytheismus ist m.E. am schwierigsten, daß polytheistische Phänomene, die in der biblischen Religion vorkommen, mit monotheistischem Fetischismus gleichgesetzt werden.[330] Mitunter mutet dies als grotesk monotheistisch konstruiert an — etwa die Erklärung von Am 2,7 als Kultprostitution zur Ehre JHWHs, die jedoch jeglicher magischen Ratio entbehren soll.[331]

Widerfährt dem biblischen Stoff mitunter Gewalt, da er in ein monotheistisches Korsett gezwängt wird, so ist der problematische Charakter von Kaufmanns geschlossenem System evident:

"There were more things in ancient Israel than are dreamed of even in Kaufmann's philosophy. The biblical record is too true to life to be encompassed by a single system, be it ever so complex, ramified and marvellously integrated. The varieties of contemporary religious expression that Kaufmann convincingly pleads for, in opposition to the naive rectilinear systems of his predecessors, were in fact more various than he was willing to admit."[332]

---

*Entry into the Jewish Bible,* Minneapolis, Chicago, New York 1985, 67-68, 107-111.

[330] Dazu vgl Faur, *a.a.O.;* Greenberg, *Judaism* 13(1964)87-89; Talmon, *a.a.O.,* 26-28; Uffenheimer, *a.a.O.,* 18-20.

[331] Vgl *TEI* I, 586.

[332] Greenberg, *Judaism* 13(1964)87.

# Die Zurückweisung evolutionistischer Historiographie

Kaufmann lehnt Wellhausens Konzeption der israelitischen Geschichte ab: Sie sei hegelianisch geprägt und in der Konsequenz evolutionistisch. Diese Position hängt mit Kaufmanns Reserven gegenüber evolutionistischen Vorstellungen in der Geistesgeschichte zusammen,[333] die bereits in seiner Ablehnung Ahad Ha-Ams anklingen. Obgleich Kaufmann sich die Entstehung der biblischen Religion als monotheistische Revolution vorstellt, entbehrt seine eigene Konzeption der Religionsgeschichte sowie seine Darstellung der biblischen Literaturgeschichte nicht eines evolutionistischen Moments.

Die Frage, inwiefern Wellhausens evolutionistische Geschichtskonzeption hegelianischen Anregungen oder Traditionen der deutschen Romantik verpflichtet ist, kann hier nicht zur Diskussion gestellt werden.[334] Auch kann hier nicht untersucht werden, von welchen philosophischen Traditionen Kaufmann abhängig ist.[335] Vielmehr sollen die Differenzen, die Kaufmann mit Wellhausen hatte, vor allem methodisch vergegenwärtigt werden.

---

[333] Zu Kaufmanns Ablehnung evolutionistischer Ansichten über die Entstehung der Religion vgl *TEI* I, 297-303.

[334] Für Wellhausens evolutionistische Geschichtskonzeption wird vielfach hegelianischer Einfluß geltend gemacht: Kraus, H.-J., *Geschichte der historisch-kritischen Erforschung des AT*, Neukirchen [3]1982; v.Rad, G., *Theologie des AT*, I, München [4]1962, 126; Haran, *Temples...*, 6-8; Slyomovics, *Zion* 49(1984)61-92 (s. nachfolgende Anm) u.a. — Demgegenüber betont Thompson, R.J., *Moses and the Law in a Century of Criticism since Graf, VT.S* 19(1970)37-41 den Einfluß des Sturm und Drang sowie der Romantik auf Wellhausens Denken (dort weitere Bibliographie). Zu dieser Frage vgl die Diskussion zwischen Kraus in der 2. Auflage seiner *Forschungsgeschichte...* und Perlitt, L., *Vatke und Wellhausen, BZAW* 94(1965)162-164 sowie in der 3. Auflage von Kraus' *Forschungsgeschichte*, 264. Ferner die differenzierende Diskussion von Liebeschütz, H., *Das Judentum im deutschen Geschichtsbild von Hegel bis Max Weber, SWALBI* 17(1967)243-268 sowie die Ausführungen von Smend, R., "Wellhausen in Greifswald", *ZThK* 78(1981) 141-176, S.161-163 und von Schmid, Hans.H., "Auf der Suche nach neuen Perspektiven für die Pentateuchforschung", *VT.S* 32(1981)375-394 *Congress Volume Vienna 1980,* 381ff.

[335] Zu diesem Komplex liegt voraufgehend zitierte Studie vor: Slyomovics, P., (Heb) "Y. Kaufmann's Critique of J.Wellhausen: A Philosophical-Historical Persepective", *Zion* 49(1984)61-92 sowie die Dissertation desselben Autors:

Stellt sich Kaufmann die Anfänge des biblischen Monotheismus als radikalen Umbruch in der Geistesgeschichte vor, so ist sein Bild von der Geschichte des biblischen Monotheismus nicht frei von evolutionistischen Strukturen. Zunächst ist bereits in seinem Frühwerk eine religionsgeschichtliche Unterscheidung der "primitiven Religion" von der "höheren Religion" anzutreffen.[336] In diesem Sinne wird religiöser Universalismus einer höherstehenden, entwicklungsgeschichtlich späteren Phase zugeordnet.[337] Der Universalismus gilt Kaufmann als Charakteristikum der "higher religion" und damit als qualitativ höher stehend.[338] Entsprechend setzt Kaufmann in seiner später verfaßten *Religionsgeschichte* voraus, daß die israelitische Religion auf einer religiös-kulturell hochstehenden Entwicklungsstufe ihren Anfang nimmt.[339]

Für die biblische Religion arbeitet Kaufmann die grundlegenden Unterschiede zwischen der Torahliteratur und der prophetischen Literatur heraus; dabei zeigt er, inwiefern sie inhaltlich[340] grundverschiedene Phänomene sind.[341] Kaufmann erklärt dies, indem er eine diachrone Chronologie postuliert, in der die Torahliteratur der prophetischen Literatur vorgeordnet wird.[342] Die Konsequenz ist, daß Torah, Prophetie und Frühjudentum als drei Stufen einer historischen Entwicklung gesehen werden.[343] Erste Ansätze dieser Ansicht hatten sich bereits in Kaufmanns Auseinandersetzung mit Ahad Ha-Am abgezeichnet, als Kaufmann der Vorstellung widersprochen hatte, die biblische Religion habe mit der klassischen Prophetie ihren Anfang genommen. Bei der in *TEI* po-

---

(Heb) *Yitzhak Julius Guttmann and Yehezkel Kaufmann. The Relationship of Thought and Research* (PhD Thesis, Hebrew University Jerusalem, December 1980).

[336] Vgl *KCJ* 182.

[337] "... whose religion has evolved to a higher — universalistic stage ..." (*KCJ* 187).

[338] *KCJ* 188: "...since higher religions are not tied to ethnic cultures, they retain hold despite of ethnic-cultural assimilation."

[339] *TEI* II, 23-25 ist davon die Rede, daß die biblische Religion auf "hohem kulturell-religiösem Niveau" רמה תרבותית-דתית גבוהה entsteht.

[340] Völlig verschiedene Auffassungen von der Geschichte Israels, vom Primat der Ethik, von der Eschatologie sowie vom Kult (vgl *TEI* I, 185-198).

[341] Vgl *TEI* I, 185-220 (*KRI* 200-211).

[342] Dazu vgl ferner *TEI* II, 33.

[343] Vgl *TEI* I, 538.

stulierten Entwicklung, Torah — Prophetie — Frühjudentum, dürfte es sich indessen um die antithetische Reaktion auf Wellhausens umgekehrt verlaufende Linearchronologie handeln, in der die *Prophetie* dem *Gesetz* vorangestellt wird. Ist Wellhausens Postulat sowohl methodisch als auch theologisch — weil im Kern substitutionstheologisch motiviert — in hohem Maße problematisch, so zeitigt auch das von Kaufmann vertretene linearchronologische Verhältnis — erst Torahliteratur, dann prophetisches Schrifttum — methodisch bedenkliche Konsequenzen: Die Erkenntnis, daß charakteristische Vorstellungen der Torahliteratur älter seien als jene der prophetischen Literatur, muß an sich noch keine dialektische Abhängigkeit implizieren — so, daß das Torahschrifttum entstanden sein müßte, noch bevor die prophetische Literatur verschriftet worden war. Kaufmann neigt jedoch dazu, beide Phänomene so stark diachron aufeinander zu beziehen, daß die Möglichkeit eines synchronen Verhältnisses nicht in den Blick kommt.

Hinsichtlich der Priesterschrift (P) erweist sich Kaufmanns Fragestellung deutlich als antithetische Reaktion auf Wellhausens P-Interpretation. In diesem Kontext ist Kaufmanns Geschichtskonzeption nicht weniger evolutionistisch als jene Wellhausens, die er ihres evolutionistischen Charakters wegen angreift. Wie schon von Wellhausen postuliert, setzt auch Kaufmann voraus, daß zwischen P und D ein diachrones Verhältnis bestehen müsse, ohne daß die Möglichkeit eines synchronen Entstehens berücksichtigt wird: P könne unmöglich jünger als D sein, weil sie dann auf D-Inhalte hätte reagieren müssen.[344] Diese Sicht impli-

---

[344] 1. In Kaufmanns Fragestellung geht es um den *vordeuteronomischen Standpunkt des Priesterkodex. ZAW* 48(1930)35,41.

2. *TEI* I, 116-117 wird die jeweilige Eigenart von P und D unter dem Aspekt ihres historisch-chronologischen Verhältnisses diskutiert: Wäre P jünger als D gewesen..., dann hätte P nicht Ds Zentralisierungsgebote, Zehntopfer, Pessah— und Laubhüttenwallfahrt sowie die Verlegung der höchsten gerichtlichen Instanz an den Ort der Erwählung stillschweigend übergehen können.

3. *TEI* I, 119 wird festgestellt, daß P mit ihrem System abgestufter Heiligkeit die deuteronomische Vorstellung des erwählten Ortes völlig unbekannt sein müsse. *Ergo* könne P nicht jünger als D sein.

4. Die Zusammenfassung über die Entwicklung des israelitischen Opferverständnisses (*TEI* I, 131) zeigt, wie sehr die hier referierte Argumentation (128-131) im Sinne einer linear-chronologisch verlaufen-

ziert, daß P und D in ein und demselben dialektischen historischen Ablauf stehen. Nur hält Kaufmann, im Unterschied zu Wellhausen, P für älter als D. Dieses Abgleiten in evolutionistische Denkmodelle entbehrt in heutiger Sicht nicht der Ironie: Kaufmann scheint nicht die Möglichkeit zu sehen, daß die Eigenarten Ps und Ds jeweils interpretiert werden können, ohne daß ihr chronologisches Verhältnis zum entscheidenden Interpretationskriterium erhoben werden muß; er erwägt nicht die Möglichkeit, daß die jeweiligen Charakteristika Ps sowie Ds durch verschiedene historische und soziologische Gegebenheiten bedingt sein könnten. Im Rückblick erweist sich das von Kaufmann (wie zuvor von Wellhausen) vorausgesetzte dialektisch-historische Verhältnis als ungeeignetes Interpretationskriterium, da es den historischen Voraussetzungen der jeweiligen Eigenarten Ps und Ds nicht gerecht wird.[345]

Die Anfänge der israelitischen Religion werden im Kontext des *kulturell und religiös hochstehenden Niveaus der theistischen Hochreligionen des antiken Vorderen Orients* [346] wahrgenommen; letztere werden als Nährboden der neu entstehenden israelitischen Religion betrachtet. Implizit wird hier eine evolutionistische Auffassung von Religionsgeschichte vorausgesetzt, insofern die biblische Religion im kultur— und religionsgeschichtlichen Kontext der Hochreligionen Babyloniens, Ägyptens und Kanaans ihren Anfang nimmt — d.h. auf einer hochstehenden *Entwicklungsstufe*.[347]

---

den Geschichtsauffassung evolutionistisch ist: Es wird eine klare diachrone Linie ausgezogen, 1.Sam 14 — P — D; dabei wird vollständig übersehen, daß hier Anschauungen vorliegen, die unter verschiedenen soziologischen Voraussetzungen zu gleicher Zeit nebeneinander bestehen konnten. — Ebensowenig zieht Kaufmann die Möglichkeit in Erwägung, daß unter bestimmten historischen Umständen die Wirkungsgeschichte Ps ihren Anfang genommen haben könnte, lange nachdem die priesterschriftliche Überlieferung Literatur geworden war.

[345] Zu diesen weder von Wellhausen noch von Kaufmann gelösten Problemen hat Kaufmanns Schüler, Menahem Haran — vgl vor allem *Temples...* — Weiterführendes entwickelt.

[346] Vgl *TEI* II, 23-25.

[347] *TEI* II, 24: "Die israelitische Religion entsteht nicht im Kontext einer magischen, totemistischen, animistischen, dämonistischen Religion..." (meine Übersetzung).

Unter diesen Gesichtspunkten eignet Kaufmanns prinzipieller Ablehnung evolutionistischen Denkens bisweilen eine theoretische Qualität — trotz seiner heftigen Angriffe auf evolutionistische Historiographie. Nichtsdestoweniger muß sich Kaufmann am Evolutionismus stören, begreift er doch die Entstehung des biblischen Monotheismus nicht als Entwicklung aus dem Polytheismus, sondern als geistesgeschichtliche Revolution. Jedoch ist er mit seinem Sinn für geistesgeschichtliche Prozesse zugleich auch in der Lage, innerhalb des biblischen Monotheismus echte historische Entwicklungen zu erkennen und zu würdigen.

# Die Interpretation des Pentateuch
# und der Priesterschrift

Kaufmann erkennt die von der Literarkritik erarbeitete Unterscheidung dreier Pentateuchquellen an: JE, P und D. Das Novum seiner Pentateuchinterpretation ist, daß P in die Zeit vor D datiert wird.

In methodischer Hinsicht betrachtet Kaufmann diese Quellen unter anderer Fragestellung als die ihm voraufgegangenen Vertreter der Literarkritik. Berücksichtigen letztere speziell linguistische und literarische Kriterien, so wird Kaufmanns Untersuchung der Pentateuchquellen außerdem den religionsgeschichtlichen und — soziologischen Aspekten gerecht. Ferner fällt auf, daß Kaufmann die einzelnen Pentateuchquellen weitgehend auf Grund der Inhalte ihrer jeweiligen Gesetzesmaterialien interpretiert. Der Erzählstoff der einzelnen Quellen ist für deren Datierung nur bedingt relevant: Von den priesterschriftlichen Erzählstoffen spielen für die Datierung Ps das Zelt der Begegnung, welches Kaufmann als vieldeutiges Symbol versteht,[348] sowie die erzählerischen Mitteilungen über die Priesterschaft[349] eine Rolle; beides interpretiert Kaufmann anders als die übrigen Vertreter der klassischen Literarkritik.[350]


Von der priesterschriftlichen Pentateuchquelle sagt Kaufmann ausdrücklich, man könne sie nur von ihren eigenen geistigen Inhalten aus verstehen.[351] Daß P nur mit Hilfe seiner eigenen Ideen interpretierbar sei, ist für Kaufmann ein methodischer Grundsatz,

---

[348] *TEI* I, 126-137 (*KRI* 180-184); vgl auch den früheren Text in *ZAW* 48(1930) 37ff.
[349] *TEI* I, 137-142 (*KRI* 184-187).
[350] Haran, Kaufmanns Schüler, schenkt der priesterschriftlichen Geschichtserzählung erheblich mehr Aufmerksamkeit als Kaufmann, indem er sie als Utopie der priesterschriftlichen Autoren interpretiert (vgl *Temples*...).
[351] *ZAW* 48(1930)37: "Man kann P nur von seinen Ideen aus verstehen." — *TEI* I, 126: "P kann nur mit Hilfe seiner eigenen Ideen verstanden werden." (Meine Übersetzung).

den er als Vorwurf gegen jene in die Diskussion einführt, die P mit Hilfe von D interpretieren.[352]

Jene Merkmale, die für die legislativen Partien Ps charakteristisch sind — Extremismus, bündiger Stil, legalistische Inflexibilität, kultischer Formalismus u.ä. — werden von Wellhausen und Kaufmann diametral entgegengesetzt interpretiert: Wellhausen ist nicht der erste Theologe, der diese Charakteristika Ps mit dem modrigen Geruch "des Gesetzes" assoziiert, sie für untrügliche Indizien der im Neuen Testament angeprangerten Selbstgerechtigkeit des homo religiosus einer vermeintlichen Gesetzesreligion hält, zu der die nachexilische Religion Israels von einer langen Tradition christlicher Substitutions— und Enterbungstheologie gestempelt worden ist. Dagegen vermag Kaufmann das Aufkommen der genannten priesterschriftlichen Phänomene unter den religionsgeschichtlichen Voraussetzungen der vorexilischen Zeit, nämlich in Zusammenhang mit den Anfängen des Monotheismus, zu erklären.

Problematisch ist Kaufmanns Interpretation von P als *Kodex des Höhendienstes*.[353] Es wird vorausgesetzt, daß in P das Brauchtum der Vielzahl der israelitischen Heiligtümer vor der deuteronomischen Kultreform des Josia überliefert sei.[354] In diesem Sinne wird der Kult im Zelt der Begegnung in die Reihe priesterschriftlicher Prototypen eingereiht.[355] Andererseits wird in Rechnung gestellt, daß in P, der klassischen Schöpfung des israelitischen Priestertums, der Kult beschrieben werde, wie er zumindest in einem der größten Heiligtümer institutionalisiert sei.[356] Dieser Widerspruch wird nicht gelöst.

Die große Gefahr antithetisch geführter Auseinandersetzungen ist, daß die abgelehnte Position die eigene Fragestellung zu beeinflußen oder — ungünstigerenfalls — vorzugeben vermag. In methodischer Hinsicht hat dies Kaufmanns Widerspruch zu Wellhausen nachteilig beeinflußt. Wie voraufgehend ausgeführt, interpretiert Kaufmann die biblische Literatur mit dem von Wellhausen

---

[352] Bereits in *ZAW* 48(1930)42-43.
[353] Diese Formulierung wird bereits in *ZAW* 48(1930)32 gebraucht.
[354] *TEI* I, 113-184 (*KRI* 175-200).
[355] *TEI* I, 134; vgl *KRI* 180-184 sowie den frühen Text *ZAW* 48(1930)37-42.
[356] Vgl *TEI* II, 462-485, insbesondere S.473-476.

vorgegebenen diachronen Modell, wobei er inhaltlich eine historische Antithese zu Wellhausen vertritt. Indessen gelingt es Kaufmann nicht, sich von Wellhausens Fragestellung freizumachen — eben von jener Frage, in welcher Weise P und D einander beeinflußt hätten. Deshalb ist die vorexilische Datierung Ps, wie sie von Kaufmann vertreten wird, noch nicht so überzeugend, wie die Position der von ihm beeinflußten Bibelwissenschaftler, die Kaufmanns Position mittels erheblicher Differenzierungen modifizieren.[357]

Es ist evident, daß Kaufmann bemüht ist, auch die anderen Pentateuchquellen von ihren eigenen Voraussetzungen aus zu erfassen. Dazu steht nicht im Widerspruch, daß er J und E nicht auseinanderhält. Zwar erkennt er J und E durchaus als selbständige Quellen an, jedoch hält er deren Unterscheidung im Blick auf die Geschichte der biblischen Religion für unwesentlich, so daß fast immer JE Gegenstand der Diskussion ist. Unter dieser Voraussetzung wird nicht einmal das große (E) vom kleinen Bundesbuch (J) unterschieden.[358]

Forschungsgeschichtlich ist schließlich festzuhalten, daß Kaufmann in den נביאים ראשונים, d.h. in Jos — 2.Kg, die Fortsetzung der Pentateuchquellen sieht: Beispielsweise werden Jos 22; Ri 19-21;[359] Jos 14ff[360] in diesem Sinne verstanden.[361]

---

[357] Vgl vor allem Harans *Tempels*.... (Besagte Positionen werden im dritten Teil meiner ausstehenden Arbeit skizziert.)

[358] *TEI* I, 123.

[359] *TEI* I, 131-132.

[360] *TEI* I, 142.

[361] Auch Haran setzt voraus, daß die Pentateuchquellen in Jos—2.Kg ihre Fortsetzung haben; Haran ist von Martin Noths in den 40er Jahren veröffentlichter Hypothese über das deuteronomistische Geschichtswerk nicht überzeugt.

# Zur Methodik

Über die Methodik der Bibelwissenschaft hat Kaufmann nichts publiziert.

Für Kaufmanns Auseinandersetzung mit der biblischen Literatur ist ausschließlich die schriftliche Fassung des Textes Gegenstand der Untersuchung. Daß der Text auch eine mündliche Vorgeschichte gehabt haben muß, wird nirgends bestritten. Jedoch scheint Kaufmann vorauszusetzen, daß sie sich dem Zugriff wissenschaftlichen Erkennens entzieht. So hat er sich nicht mit Gattungs— oder Formkritik beschäftigt.

Setzt sich Kaufmann ausschließlich mit der schriftlichen Gestalt biblischer Überlieferungen auseinander, so ist evident, daß er vor allem am *P'schat* Interesse hat,[362] d.h. am einfachen, historischen Sinn des biblischen Textes.[363] Ist doch die Benennung der Textaussage immer deutlich unterscheidbar von Kaufmanns historischer Interpretation. Freilich ist letztere nicht frei von seinen eigenen Prämissen. Jedoch geht es Kaufmann zunächst darum, den *P'schat* des Textes zu ermitteln.[364] Er ist ihm immer das geeignete Fundament seiner historischen Hypothesen.

Gelegentlich stimmt Kaufmann auch traditioneller[365] oder traditionalistischer[366] Exegese zu, da er deren historische Analysen anerkennt. Trotzdem ist sein Verhältnis zum biblischen Text historisch-kritisch. Legt er doch keinerlei Scheu an den Tag, Konjekturen und Emendationen vorzuschlagen sowie Glossen auszu-

---

362 Glatzer über Kaufmann: ‎"‏אמן גדול הוא בשיטת הפשט‏.‎*‏ (*GLATZER*, 3).

363 Innerhalb der hermeneutischen Tradition des Judentums ist der ‎פשט‎ dem *Wortsinn*, d.h. dem *sensus litteralis* in der christlichen Exegese, vergleichbar. Zur Entwicklung des ‎פשט‎ von der Antike bis zur modernen Bibelwissenschaft vgl Haran, M., "Midrashic and Literal Exegesis and the Critical Method in Biblical Research", *Studies in Bible*, ScrHie 31(1986)19-48.

364 So wird *TEI* I, 262, Anm 4, auf Grund der ‎משמעותו הפשוטה של הכתוב‎ die Bedeutung eines umstrittenen Textes (=Dt 32,12.16-17) dargelegt.

365 Beispielsweise heißt es in *TEI* I, 149, die Halacha habe "schön gesehen", daß der Priesterzehnte in Lev 27 mit dem Levitenzehnten in Num 18,21-32 nichts zu tun habe; dabei wird impliziert, daß wissenschaftliche Exegeten eben diesen Fehler machen, vgl Kontext, *a.a.O.*, 148-149.

366 Ohne David Hoffmanns Schlußfolgerungen anzuerkennen, ist Kaufmann bereit, dessen historische Beobachtungen zu übernehmen, vgl *TEI* I, 114, Anm 3; 128, Anm 28, 29; 129, Anm 30.

blenden. Indessen modifiziert er den biblischen Text so wenig wie nötig, im ganzen weniger als andere historisch-kritische Exegeten. Er versteht sich als Anwalt des überlieferten Textes, den es zu interpretieren gilt, nicht als dessen Restaurateur. So gesehen eignet Kaufmanns konservativ anmutendem Aufrechterhalten des *P'schat* in methodischer Hinsicht fast etwas Revolutionäres.

Mitunter scheint Kaufmanns Zurückhaltung, Textemendationen vorzunehmen und literarische Schichten zu postulieren,[367] mit den Begrenzungen seines geschlossenen Systemes zusammenzuhängen — so z.B., wenn er für die Bücher Josua und Richter eine deuteronomische Schicht bestreitet.[368] Jedoch ist hierbei in Rechnung zu stellen, daß Kaufmanns späte Arbeiten über die Landnahme und über die vormonarchische Zeit[369] nicht seine starken Seiten dokumentieren, lassen sie doch noch deutlicher als seine anderen Veröffentlichungen zur Geschichte der biblischen Religion die Auseinandersetzung mit archäologischen und epigraphischen Befunden vermissen.

---

[367] In *TEI* I, 77-78 (Anm 49) lehnt Kaufmann beispielsweise Hypothesen Jirkus, Alts und Jepsens ab, wonach innerhalb der Gesetzessammlungen von JE und D verschiedene Schichten unterscheidbar sein sollen.
[368] Vgl *BACC* 17ff.
[369] *BACC; KAUFMANN, Josua; KAUFMANN, Richter;* "Traditions Concerning Early Israelite History in Canaan", *ScrHie* 8(1961)303-334.

# Yehezkel Kaufmanns Beitrag zur Geschichte der biblischen Religion

Obgleich Kaufmann nicht mit formkritischen Methoden gearbeitet hat und obgleich nach inzwischen verbreitetem Konsensus außerhalb des Pentateuch mit stärkerem deuteronomisch-deuteronomistischen Einfluß zu rechnen ist, als Kaufmann anerkannte, ist sein Beitrag zur Geschichte der biblischen Religion nach wie vor für die Forschung relevant: zum einen, weil Kaufmann, bei allen Besonderheiten seines Denkens und Exegesierens, die teilweise konservativ anmuten mögen, sich in methodischer Hinsicht zweifelsfrei historisch-kritisch mit der biblischen Überlieferung auseinandergesetzt hat; zum anderen, und darin liegt m.E. die bleibende Relevanz seines religionsgeschichtlichen Werkes, weil der P-Forschung durch die von ihm entwickelte Fragestellung wichtige, neue historische Perspektiven eröffnet werden.[370] Zugleich bringen die zeitliche Distanz sowie die methodischen Eigenheiten Kaufmanns es mit sich, daß seine wissenschaftlichen Erkenntnisse nicht unbesehen übernommen werden können. Nichtsdestoweniger ist festzustellen, daß Kaufmann mit seiner vorexilischen Datierung von P die Grundlagen für die Arbeiten der Mehrheit der israelischen sowie von einzelnen amerikanischen Bibelwissenschaftlern gelegt hat, die sich heute mit dem Kult und mit dem Pentateuchproblem auseinandersetzen.[371]

Forschungsgeschichtlich ist Kaufmanns Zurückweisung der Wellhausen verpflichteten exilisch-nachexilischen Datierung Ps revolutionär. Zunächst, weil christliche Alttestamentler, die historisch-kritisch arbeiten, Gefahr laufen, mehr oder weniger unbewußt mit substitutionstheologischen Prämissen an die biblische Überlieferung heranzugehen. Hierbei spielen komplizierte kultur-

---

[370] Hier kann nicht auf Kaufmanns Wirkungsgeschichte, vor allem unter israelischen Bibelwissenschaftlern, eingegangen werden. Deshalb sei exemplarisch wiederum auf Harans Monographie über den biblischen Kult verwiesen (*Temples...*) und behelfsmäßig auf seine kurz gehaltenen Ausführungen "Behind the Scenes of History: Determining the Date of the Priestly Source", *JBL* 100(1981)321-333.

[371] Dargestellt im dritten Teil meiner ausstehenden Monographie.

psychologische Momente mit, da christologisch begründete Substitutionstheologie die christliche Auslegungstradition der jüdischen Bibel während zweier Jahrtausende begleitet hat und bis heute wirksam ist. Zwar haben sich in den letzten Jahren eine Anzahl christlicher Exegeten für die Gefahr substitutionstheologischer Traditionen sensibilisieren lassen. Indessen scheint die Mehrheit noch nicht überzeugt zu sein, daß verantwortliche Theologie und Exegese nur dann eine Zukunft haben kann, wenn es ihr gelingt, sich von derlei Verirrungen zu befreien.[372]

Abgesehen von der geistesgeschichtlichen Bedeutung von Kaufmanns Angriff auf Wellhausen, führt Kaufmanns vorexilische Datierung Ps weitreichende historische Implikationen auf den Plan. Denn Kaufmanns Interpretation von P hebt das Wellhausensche Hypothesengebäude aus den Angeln, das für die Datierung der Pentateuchquellen als "das Koordinatenkreuz für die relative Chronologie der alttestamentlichen Schriften"[373] anerkannt ist: Denn wäre P, die umfassendste literarische Quelle des Pentateuch, tatsächlich vor dem Exil verfaßt worden, so läge in ihr ein reicher Fundus von Material über die soziologische Realität der vorexilischen Priesterschaft vor, dessen Auswertung bisher nur von einer kleinen Minderheit von biblischen Religionshistorikern vorgenommen wird. Es steht zu erwarten, daß die Intensivierung dieser Auswertung das gegenwärtige Bild von der biblischen Religions— und Sozialgeschichte erheblich modifizieren und bereichern würde. Denn Harans vorliegende Studien erhellen bereits jetzt die psychologische Realität der vorexilischen priesterschriftlichen Autoren,[374] zu welcher die Spätdatierung eo ipso jeglichen Einblick verstellt.

Im Interesse der biblischen Religionswissenschaft darf die historische Datierung Ps unter keinen Umständen durch theologisch-ideologische Vorverständnisse beeinflußt werden. Vielleicht ist im

---

[372] Da auf diesen schwierigen Komplex hier nicht eingegangen werden kann, sei ein weiterer Verweis auf das erste Kapitel meiner ausstehenden Arbeit gestattet. Dort werden die psychologischen und theologiegeschichtlichen Momente erörtert, die eine Auseinandersetzung mit Kaufmanns historischer Interpretation von P vereitelt haben.

[373] Kaiser, O., *Einleitung in das Alte Testament, Eine Einführung in ihre Ergebnisse und Probleme*, Gütersloh [5]1984, 51.

[374] Diesbezüglich vgl Haran, *Temples*... .

Rückblick Kaufmann tatsächlich vorzuwerfen, daß er sich in seiner antithetischen Auseinandersetzung mit Wellhausen zu sehr von jenem seine eigene Fragestellung vorgeben ließ. Nichtsdestoweniger ist Kaufmanns bleibendes Verdienst um die Geschichte der biblischen Religion, daß er die Voraussetzungen für eine umwälzende, nicht leichtfertig ablehnbare religionsgeschichtliche Interpretation der Priesterschrift geschaffen hat.

Unter christlichen Bibelwissenschaftlern steht die Auseinandersetzung mit der vorexilischen Datierung der Priesterschrift bis jetzt noch aus.

# ANHANG

## Unveröffentlichte Texte
## von
## Jesekiel Kaufmann

Nachfolgende von Jesekiel Kaufmann deutsch verfasste Texte sind bisher nicht veröffentlicht worden. Ich danke Herrn Professor Menahem Haran, dem Verwalter von Yehezkel Kaufmanns literarischem Nachlaß, sowie dessen Eigentümer, der Manuskript— und Archivabteilung der Israelischen Nationalbibliothek Jerusalem, für die freundliche Genehmigung, diese Texte der Öffentlichkeit vorlegen zu dürfen.

Die jeweils in Maschinenschrift vorhandenen Texte[375] werden im Wortlaut wiedergegeben. Unterstreichungen im Original sind durch Kursivdruck ersetzt, Anführungszeichen sowie Sperrungen sind beibehalten. Die vereinzelten orthographischen Eigenheiten Kaufmanns werden ohne gesonderten Hinweis übernommen, Tippfehler sind nicht dokumentiert.

Thomas Krapf

---

[375] *Yehezkel Kaufmann Archive*, National Library, Jerusalem: 4° 1217. Die Nummer des entsprechenden Ordners wird bei den jeweiligen Texten angegeben.

Wortlaut des Lebenslaufes, den Jesekiel Kaufmann seiner Bewerbung vom 19.5.1925 um eine Bibliothekarsstelle an der Bibliothek der jüdischen Gemeinde Berlin beifügte:[376]


Dr J.Kaufmann

## Lebenslauf

Ich bin am 4. Dezember 1889 in Dunajewzi, Gouv. Podolien, Russland geboren. Meine erste hebräische Bildung erhielt ich im "Cheder", meine allgemeine, elementare Bildung bei Privatlehrern. Im Jahre 1907 kam ich nach Odessa, woselbst ich in die von Dr.Ch. Tschernowitz geleitete Hochschule für jüdische Wissenschaft aufgenommen wurde. Während meines dreijährigen Studiums an der genannten Hochschule habe ich auch die ansehnliche, meist hebräische Hochschulbibliothek geleitet. Mein Studium habe ich dann im Jahre 1910/11 in Petersburg an der von Baron D.Günzburg gegründeten Akademie für orientalische Wissenschaft fortgesetzt. Im Jahre 1913/14 kam ich nach der Schweiz, wo ich mich an der Universität Bern immatrikulieren liess. Nach vierjährigem Studium bestand ich 1918 in Bern die Doktorprüfung. Während meines Studiums in Bern habe ich auch die Bibliothek des philosophischen Seminars geleitet. Meine Doktorarbeit: "Eine Abhandlung über den Satz vom Grunde 1.Teil" erschien 1920 in Berlin, wo ich seit 1920 wohnhaft bin.
Ich war als hebräischer Schriftsteller verschiedentlich tätig. Ich war Mitarbeiter an den Monatsschriften "Haschiloach" und "Miklat". In Berlin war ich Schriftleiter der von der Organisation "Tarbut" herausgegebenen Monatsschrift "Athidenu". Ich habe zusammen mit Dr. Ch. Tschernowitz das Biblische Lexikon von Gawronsky bearbeitet und herausgegeben. Ich habe auch manches in deutscher Sprache (in den Kantstudien u.a.) veröffentlicht.

---

[376] *Kaufmann Archive*, no 125. — Zum biographischen Kontext dieses Schriftstückes s.o., S.56ff.

Wortlaut von Jesekiel Kaufmanns Bewerbung um eine Stelle an der Akademie für die *Wissenschaft des Judentums.*[377] — Ihre Ablehnung ist dokumentiert durch ein an Kaufmann gerichtetes Schreiben vom 8.3.1926, mit Briefkopf, *Verein zur Gründung und Erhaltung einer Akademie für die Wissenschaft des Judentums* unterzeichnet von Julius Guttmann.[378]

An den
Vorstand der Akademie für die           Berlin-Charlottenburg,
Wissenschaft des Judentums              28.II.1926
Berlin-Charlottenbg
Kleiststr 10

Ich arbeite seit vielen Jahren an einem umfangreichen Werk über die Geschichte der israelitisch-jüdischen Religion. Dieses Werk ist speziell aus Untersuchungen über den  P r o p h e t i s m u s entstanden. Bereits im Jahre 1910/11 habe ich eine Abhandlung über den israelitischen Prophetismus als geschichtliche Erscheinung abgefasst. Aus dieser Abhandlung wurde dann ein Abschnitt (nämlich über Amos) in der hebräischen von S.Hurwitz in Berlin herausgegebenen Zeitschrift, "Heatid", abgedruckt.[379] Diese Arbeit habe ich noch in Russland geschrieben. Im Jahre 1913/14 wurde ich in die Universität Bern aufgenommen, wo ich Philosophie, semitische Sprachen und biblische Wissenschaft studierte. Ich habe während des Studiums an der Universität und auch späterhin meine Untersuchungen auf dem Gebiete der israelitisch-jüdischen Religionsgeschichte fortgesetzt. Die Untersuchungen erweiterten sich zu einer umfangreichen Arbeit, die das ganze betreffende Gebiet umfasste. Aus verschiedenen Gründen wollte ich keine Einzeluntersuchungen veröffentlichen, hauptsächlich

---

[377] *Kaufmann Archive*, no 125.
[378] *Kaufmann Archive*, no 112. — Dazu s.o., Anm 167.
[379] Editor. Anmerkung: יחזקאל קויפמאן, "הגבואה הספרותית", העתיד ותרפ"ד=26/1925‎45-62.

darum, weil ich glaubte, das, was ich zu sagen hatte, nur in systematischem Zusammenhang gehörig klar machen zu können. Im Jahre 1925 habe ich in Berlin an der vom Verlage Mikra herausgegebenen hebräischen Enzyklopädie mitgearbeitet, wo ich das Gebiet "Religionsgeschichte" übernommen hatte. Ich sah mich gezwungen, manches aus meinen eigenen Untersuchungen da mitzuverarbeiten, so gut es bei einer Enzyklopädie angehen wollte. Das Manuskript dieser Enzyklopädie ist jetzt fast fertig gestellt und wird hoffentlich bald erscheinen.

Die leitende Idee meiner Untersuchungen glaube ich allgemein und kurz folgendermassen angeben zu dürfen: Es handelt sich um eine Überprüfung des historischen Verhältnisses zwischen Jahvereligion und Heidentum, und damit auch um einen Versuch, den Werdegang der Jahvereligion (und dann des Frühjudentums) neu zu klären. Man denkt sich gewöhnlich den Kampf zwischen Jahvereligion und Heidentum als einen    b e w u s s t e n    Kampf, nach Art des späteren Kampfes im Zeitalter der Entstehung des Christentums. Es soll nun aber gezeigt werden, dass das eigentliche Ringen der Jahvereligion ein Ringen    i n    d e n    S i t t e n    war; sie wuchs und erstarkte nicht im bewussten Verneinen des Heidentums (der Mythologie), sondern in positivem Wirken und Bilden. Ihr Urgrund war eine eigenartige religiöse Intuition, die keine rational erkannte Bezugnahme auf die Mythologie einschloss, sondern sich schöpferisch und positiv im Leben des Volkes auswirkte. Der Gegensatz zur Mythologie war freilich schon da, aber erst nach Jahrhunderten wurde er erkannt — erst zur Zeit der Berührung mit der    g r i e c h i - s c h e n    Welt. In zahlreichen ins Einzelne gehenden Untersuchungen habe ich es versucht, dieses einzigartige Ringen und Schaffen als Ganzes darzustellen, das sich in verschiedenen Schöpfungen symbolisierte und kundtat.

Das Werk beginnt mit den Anfängen der israelitischen Religion und wird mit dem Zeitalter der Entstehung des Christentums schliessen. Einen grossen Teil habe ich (in hebräischer Sprache) bereits niedergeschrieben. Den anderen Teil habe ich bloss in Aufzeichnungen und Entwürfen. Ich habe zwei Kapitel Herrn Dr. H.Torczyner als Probe vorgelegt. Auf Grund der von Herrn Dr. Torczyner geäusserten Meinung erlaube ich mir hiermit, den Vorstand der Akademie zu bitten, mir die materielle Möglichkeit zu geben, das Werk zu Ende zu führen. Der

Vorstand könnte mich evtl. als ständigen Mitarbeiter auf dem Gebiet der biblischen Religionsgeschichte anstellen. Ich glaube, dass ich etwa noch ein Jahr brauche, um mit der Arbeit fertig zu werden.

In vorzüglicher Hochachtung

Wortlaut eines Plans von Jesekiel Kaufmanns Geschichte der biblischen Religion.[380] Die Verwendung römischer und arabischer Zahlen sowie die optische Gliederung werden beibehalten.
Das Postskriptum (s.u., S.122) ermöglicht, den Text in die Zeit zwischen 1930 und 1933 zu datieren.[381]

## Allgemeiner Plan meines Werkes
### *Geschichte der israelitisch-jüdischen Religion*

Das Werk soll die Geschichte der israelitischen und jüdischen Religion von deren Anfängen bis zur Entstehung des Christentums umfassen. Es steht auf kritischem Standpunkt, lehnt jedoch die Ergebnisse und teilweise auch die Methoden der landläufigen Kritik ab. Und zwar vor allem in der Behandlung des grundlegenden Problems der Beziehung zwischen *Jahvereligion und Heidentum.* Dann aber auch in der Auffassung der Beziehung zwischen *Priestertum und Prophetentum* und somit in der Lösung des *Pentateuchproblems.*

Das Werk zerfällt in zwei grosse Teile. Der erste Teil umfasst eine Reihe einleitender Voruntersuchungen, der zweite — eine systematische Darstellung der Geschichte der israelitisch-jüdischen Religion.
Ein grosser Teil des Werkes ist bereits ausgearbeitet und niedergeschrieben. Anderes liegt nur in Entwürfen und teilweise lediglich in Materialsammlungen vor.

---

[380] *Kaufmann Archive,* no 76.
[381] Dazu s.o., Anm 221.

# Erster Teil

## I. Jahvereligion und Mythologie

1. Was weiss das Alte Testament vom Heidentum?
2. Mythologisches im A.T.
3. Die israelitische Volksreligion

## II. Mantik und Prophetie

## III. Der Gottesdienst

1. Die Feste
2. Die Opfer

## IV. Der allgemeine Charakter der israelitischen Religion

## V. Geschichtliche und literaturgeschichtliche Probleme

1. Das sogenannte theokratische Ideal des Judentums
2. Der vordeuteronomische Charakter des Priestercodex
3. Die heiligen Abgaben
4. Priester und Leviten
5. Tora und Propheten

## Zweiter Teil

Mehr als die Hälfte dieser Kapitel sind bereits niedergeschrieben. Veröffentlicht wurden bis jetzt die zwei Kapitel, "Das sogenannte theokratische Ideal des Judentums" und "Der vordeuteronomische Charakter des Priestercodex" (in der "Zeitschrift für die alttestamentliche Wissenschaft") und das Kapitel, "Die heiligen Abgaben" (im hebräischen Sammelbuch, "Zijunim").

Wortlaut eines Textes, den Jesekiel Kaufmann im Herbst 1936 für den Wiener Historiker des Zionismus, Adolf Böhm, verfasst hatte.[382]

## Kurzgefasste Inhaltsübersicht des Werkes
### *Gola weNechar* [383]

Das Werk behandelt in vier Büchern das gesamte Problem des Judentums, sowohl das Geschichts— wie auch das Gegenwartsproblem.

Die Eigenart der Historie des jüdischen Volkes ist das Resultat des "schicksalhaften" Zusammentreffens verschiedener Momente. Entscheidend waren vor allem: 1. die kulturell-religiöse M a c h t , 2. die ethnisch-politische M a c h t l o s i g k e i t des jüdischen Volkes.

Wie ist zunächst die Grundfrage zu lösen: die Paradoxie der Fortdauer des jüdischen Volkes in der Zerstreuung?

Dieses geschichtliche Phänomen lässt sich weder durch den Rassenunterschied, noch durch die dauernde Verfolgung, noch durch die wirtschaftlichen Bedingungen erklären. Ebensowenig durch den nationalen Erhaltungstrieb. Die ursprüngliche Einzigartigkeit des jüdischen Volkes besteht in seiner Kultur, präziser: in seiner Religion. Aus derselben ist daher die Einzigartigkeit seiner Geschichte abzuleiten. Die religiöse Eigenart des Volkes war die prima causa, zu der andere Momente dann hinzukamen. Die Religion wirkte aber nicht insofern sie ein "nationaler Kultus" (Hess)[384] war. Nationale Kultur zerfällt immer

---

382 *Kaufmann Archive*, no 75. — Dazu s.o., S.62-63.
383 Zur Aufschlüsselung des Werkes, *Gola weNechar*, s.u., S.137, "*KGN* ".
384 Editorische Anmerkung: Moses Hess (1812-1875), Vorkämpfer des Sozialismus sowie des Zionismus. Als sozialistischer Publizist und Aktivist wirkte er zu Lebzeiten vor allem auf die deutsche und europäische Linke.

infolge von Zerstreuung und sprachlicher Assimilation. Wäre das Judentum eine wahrhaft nationale Religion gewesen, so könnte sie die Verbannung *unmöglich* überleben. In Wirklichkeit war die Religion Israels eine Universalreligion. Sie wollte alle Völker umfassen. Das beweisen die prophetischen Hoffnungen, wie auch der rein religiöse Proselytismus des Judentums, wonach jeder Mensch allein durch den religiösen Ritus "Israelit" werden kann. Der universale Charakter der jüdischen Religion war von ausschlaggebender Bedeutung für die Erhaltung des zerstreuten und sprachlich assimilierten Volkes. Ein u n i v e r s a l e r Faktor hatte n a t i o n a l e Folgen. Darin bestand eben die Paradoxie. Wie war dies möglich?

In Israel ist eine völlig neue, der gesamten Menschheit vorhin unbekannt gewesene, religiöse Idee zur Welt gekommen, nämlich diejenige eines über-magischen, über-mythologischen, einzigen Gottes. Die Idee war von gewaltiger Tragweite. Erst im Laufe der Jahrhunderte entfaltete dieselbe ihre ganze Macht. Sie ging darauf aus, die heidnische Gott— und Weltauffassung auszurotten. Der Kampf wurde zunächst in Israel ausgetragen. In blutigen Kämpfen wurde das Heidentum niedergerungen. Dann begann der Krieg gegen das Heidentum der Völker. Auch da hat die neue religiöse Idee den Sieg davongetragen. Es wird im Buche ausführlich dargetan, dass eben das *Judentum* das Heidentum besiegt hat. Im Christentum und im Islam hat sich bloss die jüdische Idee ausgewirkt.

Indessen läuft dieser historischen Tatsachenreihe eine andere, entgegengesetzte parallel: die *Religion* Israels war siegreich, *Israel* aber war den Heiden unterlegen. Die israelitische religiöse Idee war mächtiger als das Heidentum, die Heiden aber waren mächtiger als Israel. Das himmlische Jerusalem schickte sich an, die Welt zu erobern, während das irdische in Trümmern lag. Ein Weltreich war Israel nicht

1848 kam es jedoch mit Karl Marx (1818-1883) und Friedrich Engels (1820-1895) zum Bruch, da Hess ihre Betonung des Materialistisch-Ökonomischen für übertrieben einseitig hielt. Hess' spätes Werk *Rom und Jerusalem. Die letzte Nationalitätsfrage,* Leipzig 1862, wurde ein Klassiker, der auf zionistische Denker vor allem der nächsten zwei Generationen wirkte: Leo Pinsker (1821-1891), Percz Smolenskin (ca 1840-1885), Ahad Ha-Am (1856-1927). In seinem Tagebuch (2.5.1901) beschreibt Theodor Herzl (1860-1904) Hess' Buch als Vorläufer des zeitgenössischen zionistischen Konzepts.

beschieden, politisch war es immer schwach, und schliesslich wurde es unterjocht und verbannt. Es war ein furchtbarer Riss zwischen Idee und Wirklichkeit. Die Niederlage des Volkes, des Trägers der Idee, stand der Ausbreitung derselben im Wege. Die Heiden konnten die Religion nicht aus den Händen des besiegten und unterjochten Volkes empfangen. Daher konnte sich der Sieg der Idee nur unter einer Bedingung verwirklichen: die Religion musste vom Volk *abgelöst* werden. Nicht vom Volklichen überhaupt, sondern vom verachteten Volke. Nicht um universaler zu werden. Denn Christentum und Islam sind um kein Jota universaler als das Judentum, wie ausführlich bewiesen wird. Aber die Religion musste von der Schmach des Exilvolkes befreit werden. Das Heidentum brauchte einen "neuen Bund", um die jüdische Religion aufnehmen zu können, einen von den wirklichen Juden unabhängigen Heidenbund. Neue Propheten mussten kommen. Im Christentum und im Islam wurde diese Loslösung vollzogen. Die Heiden wurden zum "wahren" Israel, das tatsächliche Israel wurde "verworfen". Jesus (oder vielmehr Paulus) und Mohammed waren die Propheten der neuen Bünde.

Nun ist es aber klar, dass die Juden selbst an diesem Bedürfnis der Heidenwelt keinen Anteil hatten. Der Kampf um das Heidentum, der in der Heidenwelt jetzt tobte, war hier bereits in der Vorzeit ausgekämpft. Der Messias der Juden sollte kein Stifter einer neuen Religion werden. Nach der Höhenlage ihres religiösen Bewusstseins hatten sie kein Bedürfnis an einem neuen Bund. Christentum und Islam hatten innerhalb des Judentums keine Aufgabe zu verwirklichen. So geschah es, dass das jüdische Volk ausserhalb der grossen religiösen Bewegungen der Heidenwelt stehen blieb. Es blieb dem "alten Bund" treu. So entstand zwischen den Juden und den Völkern eine Kluft, die nicht mehr zu überbrücken war. Es ist eine Tatsache der jüdischen Geschichte aller Zeiten: niemals gab es im Judentum einen *religiös* motivierten Drang zum Christentum oder zum Islam. Verfolgung oder Gewinnsucht bewogen Einzelne oder sogar Viele zum Übertritt. Aber einen Abfall aus echt religiösen Motiven gab es nicht. Das Judentum, wiewohl an sich universal, blieb infolge dieser Entwicklung das Erbteil des jüdischen Volkes. Es wurde somit zur "Stammesreligion", zum Stammesmerkmal des jüdischen Volkes. Das war von enormer sozial-historischer Bedeutung.

Die Geschichte der Galuth[385] ist die Geschichte einer "Universalnation", einer Nation, die durch einen universalen Faktor zusammengehalten wird: einer Religionsgemeinschaft, die zugleich Stammesgemeinschaft ist. Das jüdische Volk war tatsächlich in der Zerstreuung eine "geistige Nation". Es ist aber dadurch eben zum *Ghettovolk* geworden.

Man hat oft das Ghetto als eine Gemeinschaft nicht-arbeitender, "vermittelnder" Menschen auffassen wollen (Berdizcewsky[386], Brenner[387] u.a.). Diese Ansicht ist aber falsch. Sie ist dem Antisemitismus entnommen und beruht auf Unwissenheit. Das Ghettojudentum war meistens arbeitend. Die Juden wurden nur teilweise und mit Gewalt der Arbeit entfremdet. Sie hatten bitter um ihr Recht auf Arbeit zu kämpfen. "Ghetto" ist kein wirtschaftlicher, sondern ein *ethnisch-sozialer* Begriff. Die Ghettogemeinschaft ist eine Gemeinschaft, die dauernd des *natürlichen ethnischen Bodenrechtes* entbehrt. Dieser letztere Rechtsbegriff ist von grundlegender Bedeutung. Das jüdische Problem lässt sich allenfalls ohne denselben nicht erfassen.

Das natürliche Bodenrecht eines Volkes ist weder positiv-rechtlich noch politisch zu verstehen. Es ist eine Urkategorie des Volksbewusstseins, der volkstümlichen Rechtsauffassung. Neben dem Eigentumsrecht des Einzelnen, der Familie, des Standes, des Staates, der Kirche usw besteht von jeher ein eigentümliches natürliches Recht der ethnischen Gruppe (des Stammes, des Volkes usw) auf einen bestimmten Teil der Erdoberfläche. Dieses Recht ist "angestammt", beruht auf keinem "contrat social", fusst auf keinem geschriebenen Gesetz. Seit Urbeginn war die Erdoberfläche kraft dieses Rechtes in *Stammesgebiete* verteilt. Die Völker betrachteten sich als "erdgeboren", betrachteten

---

[385] Editorische Anmerkung: Die Semantik des Begriffes גלות meint sowohl *Exil* als auch *Diaspora*.

[386] Editorische Anmerkung: Micha Joseph Berdizcewsky (später: Bin-Gorion), 1865-1921, hebräischer Schriftsteller und Denker (vereinzelte Veröffentlichungen in Jiddisch und Deutsch). Er stammte aus einer hassidischen Rabbinerfamilie und hatte ein äußerst ambivalentes Verhältnis zum jüdischen Städtl seiner osteuropäischen Vorfahren. Er war eklektisch veranlagt und Freidenker, insofern ihm ideologische Festlegung widerstrebte.

[387] Editorische Anmerkung: Joseph Haim Brenner, 1881-1921, hebräischer Schriftsteller, sozialistischer Publizist und Aktivist.

bestimmte Gebiete als ihnen "gehörend", als ihren "Besitz". Die Grenzen dieser Gebiete wurden durch die Ansiedlung der Stämme gezogen. Ein Gebiet gehört demjenigen Stamm, der darin wohnt. Das Merkmal dieser Zugehörigkeit ist: das natürliche *Vorherrschen der Sprache*. Die Sprachgrenzen sind die natürlichen Grenzen der Stammesländer. Cuius lingua eius terra — das ist ein Urgesetz der Weltgeschichte. Der Träger des ethnischen Bodenrechtes ist der Stamm. Es wird daher nur durch die *Zugehörigkeit zum Stamm* erworben.

Nun konnten die Juden im Exil nirgends ein derartiges Bodenrecht erwerben. Die Ausbreitung der Juden in den Ländern der Völker trug nicht den Charakter einer ethnischen Besiedlung. Nirgends haben die Juden als Stamm ein Land in Besitz genommen. Sie siedelten sich überall in "Fremdenvierteln" an. Nirgends schufen sie eine ethnisch selbständige Wirtschaft als Grundlage für die natürliche Vorherrschaft der nationalen Kultur in einem bestimmten Landstrich. Diese Sachlage tat sich kund in der *sprachlichen Assimilation* der Diaspora. Überall sprachen die Juden die Sprache ihrer Umgebung. Ihre ethnische Kraft war gebrochen. Sie konnten kein Stammeseigentum erwerben. Kein Gebiet, wo sie sich ansiedelten, war "jüdisch". Das ist die historisch-soziale Bedeutung der Assimilation, die ein inneres Merkmal des Diasporadaseins ist: sie ist das Kennzeichen der Unfähigkeit, eigenes Stammesbodenrecht zu erwerben. Die Assimilation birgt in sich die Anerkennung fremder Stammessouverainität. Die sprachliche Assimilation zeigte an, dass die normale Grundlage ihres ethnischen Sonderdaseins dahin war. Ein natürliches ethnisches Bodenrecht konnten sie nunmehr nur *durch den Eintritt in die Stammesgemeinschaft der umgebenden Bevölkerung* erwerben.

Indessen trat dieser Grundtendenz der Exilgemeinschaft auf Assimilation ein eigentümlicher Faktor entgegen: der universale Faktor der religiösen Entwicklung, der sie von der Umgebung absonderte. Und zwar nicht bloss als religiöse, sondern auch als ethnische Gruppe absonderte. Die jüdische Religion ist ja infolge der historischen Entwicklung zur Stammesreligion und zum Kennzeichen eines Stammes geworden. Die Grundtendenz auf Assimilation konnte daher niemals zur vollen Geltung kommen. Die Religion setzte ihr eine "universale" Schranke. Die Juden konnten in die Stammesgemeinschaft ihrer Umgebung nicht eintreten. Infolgedessen konnten sie auch keinen Anteil gewinnen am natürlichen Stammesbodenrecht ihrer Umgebung. Sie waren somit *eine Gemeinschaft, die weder ein eigenes noch ein fremdes Stammesbodenrecht erwerben konnte.* Sie blieben überall "fremd". Der Staat konnte ihnen politische und bürgerliche Rechte oder Vorrechte gewähren. Natürliches Stammesbodenrecht konnte er ihnen nicht geben. Das war eben ihr grausames Verhängnis.

Das "Fremdsein" der Juden in den Ländern der Völker ist somit keine boshafte Erfindung der Feinde. Es hat die allertiefsten Wurzeln in der Volkspsyche.

Von hier aus wird der erbitterte Kampf der Völker gegen die Juden der Diaspora verständlich. Es war ein Kampf von Volk gegen Volk. Zwar haben die Judenverfolgungen auch eine religiöse Wurzel gehabt. Dominierend war aber wohl der nationale Gegensatz, den religiöse Motive oft bemäntelten. Die Ursache der Bekämpfung war gewöhnlich der wirtschaftliche Wettbewerb. Es war der "gemeine Brotneid". Aber — "Brotneid" zwischen Menschen, die einander als *stammesfremd* gegenüberstanden. Der Kampf der Völker gegeneinander hat ja gewöhnlich wirtschaftliche Ursachen. Der Kampf gegen die Juden war besonders erbittert, da man sie dauernd als "landesfremd" empfand. Es war ein eigentümlicher "Bürgerkrieg" auf ethnischer Grundlage.

Nun ist die Beobachtung von allererster historischer Bedeutung, dass die Träger des Kampfes gegen die Juden zu allen Zeiten *die breiten Volksmassen* waren. Die Grundlage der Existenz der Diasporajudenschaft bildeten die "Privilegien", die ihr der Staat gewährte, so gut wie immer — gegen den Willen des Volkes. Das Volk, der Demos, empörte sich gegen die Juden. Die Könige, die Adeligen schützten sie gegen den Zorn des Pöbels. Die Könige und Adeligen rufen die Juden ins Land. Das Volk trachtet immer nach Mitteln, sie wieder los zu werden. Dies lässt sich überall beobachten: in Griechenland, im Römischen Reich, in Spanien, in Frankreich, in Deutschland, in Polen usw. Ein "Kaiserreich" ist für die Juden der günstigste Staat.

Das ist natürlich nicht ohne Grund.

Das "malum metaphysicum" der Diaspora war das "Fremdsein", das Fehlen des natürlichen Stammesbodenrechtes. Nun waren aber die Träger dieses Rechtes immer die Völker, nicht der Staat. Der alte Staat stand oft im Gegensatz zu diesem Recht. Er tendierte immer zur Eigenrechtlichkeit, er war "übervolklich". Volk und Staat waren geschieden. Der Staat durfte begünstigen, was das Volk bekämpfte. In der Rechtssphäre des Staates war für die Juden Platz, in der Rechtssphäre des Volkes aber war für sie kein Platz. Die Juden konnten sich daher nur auf ihre "Privilegien" stützen. Dem Volk und auch dem Land blieben sie "fremd".

Der rechtliche Ausdruck für diese eigentümliche Lage der Diaspora war die *Autonomie*. Dieselbe war etwas ganz anderes als die Autonomie der Minderheiten in gewissen modernen Staaten. Sie war nicht die Anerkennung einer begrenzten Landessouverainität, sondern die Konstitution einer "fremden" Gemeinschaft. So empfand sie auch das jüdische Volk. Der stimmungsmässige Ausdruck für die Lage des Diasporavolkes war die *messianische Hoffnung.* Das Volk, das in der Zerstreuung kein Land erlangen konnte, träumte immer von der Wiedergewinnung seines eigenen Landes. Die unaufhörlichen Anfeindungen der Völker hielten diese Hoffnung immer wach und lebendig.


In der Neuzeit ist eine scharfe Wendung eingetreten.

Mit der Aufklärung beginnt in der jüdischen Geschichte das Zeitalter der Emanzipation und vor allem der *neuen Assimilation.* Denn die Assimilation an sich ist so alt wie die Diaspora. In der Neuzeit aber tritt sie in ganz neuer Form auf. Sie ist zunächst in dieser Epoche ausserordentlich intensiv und tiefgreifend. Besonders charakteristisch ist aber deren Erscheinung als *Bewegung,* und *namentlich* — als "messianische" Bewegung. Die neue Assimilation war freilich auch ein natürlicher Prozess. Aber in noch stärkerem Masse war sie zielbewusstes Streben. Sie war eine soziale Bewegung, die sich das "messianische" Ziel setzte, die *Galuthfrage zu lösen.* Sie war "Theorie", "Ideologie". Sie schloss sich eng an die "messianischen" Bewegungen Europas an: an die Aufklärung, den Humanismus, die Demokratie, den Liberalismus, den Sozialismus.

Im Buche werden die verschiedenen Gestaltungen der Assimilationstheorien seit der Aufklärung in West— und in Osteuropa eingehend untersucht. Es wird nachgewiesen, dass die Assimilation dem einen Ziele zustrebte: der Erlangung des natürlichen Stammesbodenrechtes in den Ländern der Diaspora. Das war, wenn auch nur verworren empfunden, deren "messianische" (sic) Zweck. Da der jüdische

Stamm unfähig war, ein derartiges Recht zu erlangen, so sollten es die Juden als Einzelne dadurch erlangen, dass sie den Völkern "national" einverleibt werden. Durch die nationale Assimilation sollten sie "einheimisch" werden. Man sprach zuerst (am Anfang des 19. Jahrhunderts) von *staatlicher* Einigung, dann von *"nationaler"* (im Sinne des französischen Sprachgebrauchs), dann von *sprachlicher,* dann von *kultureller,* und schliesslich auch — von *volklicher.* Die Juden sind keine Nation mehr. Die Juden sind kein Volk mehr. Ja, die Juden waren im Exil nie eine "Nation" usw. Sind sie aber ein *Stamm*? Nun Stamm ist ja "Rasse", und Rasse ist "Schwindel". So ist man dieser Grundfrage aus dem Wege gegangen.

Man hat die Ideologie der Assimilation als Produkt des Sklavengeistes des Westjudentums bezeichnet. Das ist aber nur zum Teil und subjektiv richtig. Denn in Wirklichkeit entsprang diese Ideologie im Grunde einer objektiven historischen Notwendigkeit. Die Assimilation der Juden war eine *mächtige Forderung der Völker* in der Neuzeit. Die Theorie der Assimilation haben eigentlich die Wortführer der *nichtjüdischen* liberalen Gesellschaft geschaffen. Es war die Theorie der Freunde der Juden, die die Judenfrage in Europa endgültig lösen wollten. Seit *Clermont-Tonnerre*[388] wurde immer wieder die Bedingung der "nationalen" Assimilation als für die Emanzipation unerlässlich hingestellt. Die Juden haben sich dann diese Theorie angeeignet. Sie war ihre "messianische" Hoffnung. Sie war aber auch mehr als das. Das Judentum empfand richtig, dass die Existenz der Juden unter den Völkern in der Neuzeit von der Bewährung dieser Theorie abhängig ist.

Warum war die Assimilation eine Notwendigkeit? Warum war die "nationale" Assimilation der Juden von der liberalen Gesellschaft ge-

---

[388] Editorische Anmerkung: Comte Stanislas-Marie-Adélaïde de Clermont-Tonnerre (1757-1792) setzte sich für die bürgerliche Gleichstellung der Juden ein: Er vertrat, daß den Juden als Nation alles vorzuenthalten, als Staatsbürger ihnen jedoch alle Rechte zu gewähren seien: "Il faut tout refuser aux Juifs comme nation et tout leur accorder comme individus; il faut qu'ils ne fassent dans l'Etat ni un corps politique ni un ordre: il faut qu'ils soient individuellement citoyens." Auf Grund dieser Intervention am 23. Dezember 1789 in der *Constituante* wird Clermont-Tonnerre der Slogan in den Mund gelegt: "Tout aux Juifs comme citoyens, rien comme nation!"

fordert? Warum war die jüdische "Nationalfrage" die *erste* Nationalfrage in Europa?
Das ist die Grundfrage der neuen jüdischen Geschichte.

Infolge des Zusammenbruches des alten dynastischen, aristokratischen, korporativen Staates war der rechtliche und reale Grund der Existenz des Ghettojudentums dahin. Eine Gemeinschaft, die sich auf "Privilegien" der Herrscher stützte, war jetzt unmöglich. Im neuen Staat war das *Volk* souverain — der "Demos", der Erbgegner des Ghettojudentums. Was soll nun jetzt aus den Juden werden? Die Lage war ganz neu. Ein Pakt mit dem Volke musste jetzt geschlossen werden: Nun war die Demokratie vorerst liberal und ging willig darauf ein. Die Juden müssen aus ihrer Absonderung heraus, um mit dem souverainen "Volk" eins zu werden. Diese Forderung wurde immer bestimmter formuliert: die Juden müssen sich durch "nationale" Assimilation dem "Volke" anschliessen.

Zur Zeit der Französischen Revolution war die demokratische Ideologie *kosmopolitisch.* Das "Volk" wurde als eine abstrakte "Gesellschaft" aufgefasst. In Wirklichkeit aber war die Demokratie in ihrem tiefsten Innern *national.* Es wird im Buche ausführlich dargetan, dass die moderne nationale Bewegung der Völker Europas und Asiens in der Demokratie verwurzelt ist. Die Demokratie gab nicht dem "Volk", sondern den *Völkern* die Souverainität. Die Demokratie ging darauf aus, den Staat auf *nationaler* Grundlage aufzubauen. Das Nationalitätenprinzip war eine Hauptlosung des demokratischen Zeitalters. Was besagt jedoch dieses Prinzip? Doch wohl nichts anderes als: dem natürlichen Stammesbodenrecht muss die höchstmögliche politische Geltung gewährt werden. Jedes Volk soll in seinem Stammland herrschen. Der Urbegriff des natürlichen Stammesbodenrechtes kam jetzt zur höchsten Geltung.

Nun war in Europa ein einziges Volk, welches ein derartiges Recht *nicht* besass: das jüdische. Nirgends gab es auch nur eine Spanne "jüdischen" Landes. In der Gemeinschaft der Völker hatte dieses Volk allein kein eigenes natürliches Bodenrecht geltend zu machen. Es wohnte überall auf "fremdem" Stammland. Konnte es jedoch noch weiterhin als "landloses", "fremdes" Ghettovolk existieren? Mit den "Privilegien" war es aus. Es war ferner keine Macht mehr da, die es gegen seinen Erbgegner, den Demos, schützen konnte. Es konnte unmöglich weiterhin "fremd" bleiben. Es schien ihm kein anderer Ausweg übrig zu sein, als durch "nationale" Assimilation mit den Völkern eins zu werden.

Anderthalb Jahrhunderte Assimilation haben nun zur Genüge bewiesen, dass dies ein Nachjagen nach Phantomen war. Die "nationale" Assimilation war eben nur Theorie. Eine richtige Assimilation bedarf keiner Theorie. Die Assimilation der Juden musste allererst "bewiesen" werden, also war sie nicht wirklich. Denn trotz aller Assimilation blieb es in einem entscheidenden Punkte beim alten: die Juden waren auch jetzt noch ein besonderer *Stamm.* (Denn Stamm ist eben nicht "Rasse"). Sie waren doch nicht nur "Glaubensgenossen", sondern auch "Stammesgenossen". Sie waren "nur" eine Religionsgemeinschaft. Aber die jüdische Religion ist ja infolge der historischen Entwicklung eine Stammesreligion geworden und war daher ein ausgesprochenes Stammesmerkmal. Die Versuche, ihr das "Nationale" durch eine Reform abzustreifen, konnten nichts nützen. Denn es kam nicht so sehr auf den Inhalt an, wie auf die Tatsache der historischen Verbindung zwischen dem jüdischen Stamm und der jüdischen Religion. Diese Verbindung liess sich durch keine Reform aus der Welt schaffen. Die Juden blieben somit den Völkern stammesfremd. Die Assimilation konnte ihnen daher keinen Anteil an dem natürlichen Stammesbodenrecht der Völker verschaffen. Sie blieben "fremd", sie waren dem Volksempfinden nach nicht "einheimisch" geworden. Das "malum metaphysicum" des Exilvolkes blieb bestehen. Die Assimilation hatte ihr "messianisches" Ziel nicht erreicht. Auf dem Gebiete der Kultur hatte sie Erfolg, furchtbaren Erfolg. Die *soziale Frage* des Exils konnte sie aber nicht lösen. Als Bewegung ist sie daher gescheitert. Sie konnte den Juden *keine Heimat* verschaffen.

Als in den 80er Jahren[389] der neue Antisemitismus ausgebrochen war, dämmerte es dem jüdischen Volke auf, dass jetzt ein ganz ande-

---

[389] Editorische Anmerkung: Mit dem Antisemitismus der 80er Jahre des 19. Jahrhunderts sind sowohl die Pogrome und die Unterdrückung der russischen Juden unter Alexander III (1881-1894) als auch der zur gleichen Zeit in Deutschland verbreitete Antisemitismus gemeint. Kaufmann sieht einen Zusammenhang zwischen beidem und hält den Antisemitis-

rer Weg eingeschlagen werden muss. In das mittelalterliche Ghetto konnte man nicht mehr zurück. Im demokratischen Staat war das nicht möglich. Es war kein Ausweg: die Juden mussten sich reales Heimatrecht verschaffen. Das war ihnen aber nur *als Stamm* möglich. Was die Assimilation und die Emanzipation ihnen als Einzelnen nicht geben konnten, müssen sie jetzt als Stamm zu erlangen versuchen. So entstand die *jüdische nationale Bewegung,* deren historisches Ziel einzig und allein ist: *ein jüdisches Land.* Die geistigen Bestrebungen sind nichts als Begleiterscheinungen dieses Grundbestrebens.

Assimilation und nationale Bewegung entspringen somit derselben Wurzel: der Notwendigkeit, die sich für die Juden im Zeitalter der Demosherrschaft ergab, heimatlichen Boden zu erlangen.

Die Lösung der Judenfrage ist sonst nur durch das Verschwinden der alten Kultur, namentlich aller Religion, möglich. Dies verspricht der Kommunismus. Allein der Preis, den er dafür verlangt, ist ungeheuerlich: die Preisgabe der menschlichen Seele, geistige Versklavung und Verarmung. Diesen Preis wird die Menschheit wohl nicht zahlen wollen. Diese Aussicht ist daher auch "messianisch". In absehbarer historischer Zeit gibt es somit für das jüdische Volk nur einen Weg: in das jüdische Land.

---

mus der achtziger Jahre für den Auftakt einer neuen Epoche des Judenhasses.

# BIBLIOGRAPHISCHE ABKÜRZUNGEN

Die im Text sowie in der Bibliographie verwendeten bibliographischen Abkürzungen sind *TRE (Theologische Realenzyklopädie) Abkürzungsverzeichnis,* Berlin — New York 1976 entnommen. (Weitgehend erscheinen sie auch im Abkürzungsverzeichnis von *Religion in Geschichte und Gegenwart,* [3]Tübingen 1957-1962.)

Es folgt die Auflistung der zusätzlich eingeführten bibliographischen Abkürzungen: Diese decken sich nicht mit solchen, die im *TRE-Abkürzungsverzeichnis* vorkommen. (Aus praktischen Erwägungen werden außerdem zwei *TRE-Abkürzungen* angegeben, jeweils mit entsprechendem Vermerk.)

*BACC*　　Kaufmann, Yehezkel

> *The Biblical Account of the Conquest of Canaan* Jerusalem [2]1985, with a Preface to the Reissue by Moshe Greenberg; (first edition, *The Biblical Account of the Conquest of Palestine,* translated by M. Dagut, Jerusalem 1953)

*BHZ*　　Kaufmann, Yehezkel

> *In den Wehen der Zeit. Untersuchungen und Artikel zu Gegenwartsfragen,* Dvir Verlag, Tel Aviv, 1936

> (heb):

קויפמן, יחזקאל: בתבלי הזמן, קובץ מחקרים ומאמרים בשאלות ההווה, הוצאת דביר, תל-אביב, תרצ״ו

**EJ***   *Encyclopaedia Judaica,* Jerusalem 1-16(1971)


**EJ(D)*** **   *Encyclopaedia Judaica. Das Judentum in Geschichte und Gegenwart,* Berlin I(1928)-X(1934)


**JPPP**   *The Jewish People Past and Present II (Jewish Encyclopedic Handbooks),* edited by Abramovitch, R. and others, New York 1948


**KCJ*** ***   Kaufmann, Yehezkel

*Christianity and Judaism. Two Covenants,* translated by C.W. Efroymson, Jerusalem 1988

---

\*   Wegen der Wichtigkeit dieses Werkes für die Bibliographie dieser Monographie wird die entsprechende *TRE* -Abkürzung festgehalten.

\*\*   Wegen der Wichtigkeit dieses Werkes für Kaufmanns Bibliographie wird die entsprechende *TRE* -Abkürzung festgehalten.

\*\*\*   Kapitel 7-9 aus *KGN* I (=S. 302-455).

*Exil und Fremde. Eine sozialgeschichtliche Unter-*
*suchung zur Frage nach dem Schicksal des Vol-*
*kes Israel von den Anfängen bis zur Gegenwart,*
Dvir Verlag, Tel Aviv:

(heb):

קויפמן, יחזקאל:
גולה ונכר. מחקר היסטורי-סוציולוגי בשאלת גורלו של עם ישראל מימי
קדם ועד הזמן הזה, הוצאת דביר, תל-אביב

כרך א = ספר א-ב: תרפ"ט
כרך ב = ספר ג-ד: תר"ץ

Inhaltliche Aufschlüsselung der zweibändigen, voraufgehend zitierten Ausgabe:

| | | | |
|---|---|---|---|
| Bd I | 1929: | Buch 1 | (S.   1-256) |
| | | Buch 2 | (S. 257-558) |
| | | | |
| Bd II | 1930: | Buch 3 | (S.   1-264) |
| | | Buch 4 | (S. 265-477) |

***KHRI***   Kaufmann, Yehezkel

> *HISTORY OF THE RELIGION OF ISRAEL, vol IV:*
> *From the Babylonian Captivity to the End of*
> *Prophecy,* Translated by C.W. Efroymson, New
> York—Jerusalem—Dallas 1977
>
> (Die ersten beiden Kapitel [S.1-182] sowie die Exkurse
> I und II [S.589-596] dieser vollständigen Übersetzung
> von *TEI* IV waren 1970 unter dem Titel *The Babylonian*
> *Captivity and Deutero-Isaiah* in New York erschienen.)


***KIM***   *Vom Geheimnis der biblischen Literatur,* posthum erneut zusammengestellte und erstmals
im hebräischen Original* veröffentlichte Arbeiten Yehezkel Kaufmanns (Hrsg., Menahem Haran), Tel Aviv 1965/66:

(heb):

קויפמן, יחזקאל:  מכבשונה של היצירה המקראית, תל אביב, תשכ"ו


***KRI***   Kaufmann, Yehezkel

> *THE RELIGION OF ISRAEL, From its Beginnings*
> *to the Babylonian Exile,* translated and abridged
> by Moshe Greenberg, Chicago 1960
>
> (=verkürzte Übersetzung von *TEI* I-III).

---

\*   "The Bible and Mythological Polytheism", *JBL* 70(1951)179-197; "The Biblical
Age", *Great Ages and Ideas of the Jewish People,* Ed. Leo W. Schwarz, New
York 1956, 3-92.

*GESCHICHTE DER ISRAELITISCHEN RELIGION.*
*Von den Anfängen bis zum Ende des Zweiten*
*Tempels,* Mosad Bialik, Jerusalem — Dvir Verlag, Tel Aviv :

(heb):

קויפמן, יחזקאל: תולדות האמונה הישראלית. מימי קדם עד סוף בית שני,
הוצאת מוסד ביאליק ירושלים-דביר תל-אביב,

Die einzelnen Bücher dieses Werkes erschienen sukzessive, im Laufe von zwei Jahrzehnten. Es folgt die inhaltliche Aufschlüsselung der seit langem handelsüblichen und voraufgehend zitierten vierbändigen Ausgabe:

| *BAND I: | S.    1-220 | = | *Buch 1 | (1937) |
|----------|-------------|---|---------|--------|
|          | S. 221-588  | = | *Buch 2 | (1937) |
|          | S. 589-737  | = | *Buch 3 | (1938) |
| *BAND II: | S.    1-400 | = | *Buch 4 | $^2$(1947) |
|          | S. 401-727  | = | *Buch 5 | (1945) |
| *BAND III: | S.    1-320 | = | *Buch 6 | (1947) |
|          | S. 321-656  | = | *Buch 7 | (1948) |
| **BAND IV |             | = | **Buch 8 | (1956) |

---

\*    BAND I-III, d.h. Buch 1-7 liegen in gekürzter englischer Übersetzung vor, s.o., *"KRI"* (S. 138).
\*\* BAND IV, d.h. Buch 8, wurde ungekürzt ins Englische übersetzt, s.o., *"KHRI"* (S. 138).

# BIBLIOGRAPHIE

Neuhebräische Veröffentlichungen werden im zweiten Teil der Bibliographie in einer gesonderten Liste im Original aufgeführt. Für mehrfach zitierte hebräische Titel wird im Anmerkungsapparat des Textes eine Abkürzung — Autor, Jubilar, Band o.ä. — in kursiven lateinischen Großbuchstaben verwendet; derartige Abkürzungen erscheinen in Teil II der Bibliographie bei den entsprechenden Titeln, die nach dem hebräischen Alphabet geordnet sind.

Im ersten Teil der Bibliographie werden außerdem hebräische Titel mit dem Vermerk, "(Heb)" oder "(heb)", in englischer oder deutscher Übersetzung zitiert, sofern dies bibliographisch hilfreich ist. Das heißt, unter der Voraussetzung, daß der vollständige hebräische Titel im zweiten Teil des bibliographischen Verzeichnisses ausgewiesen ist, werden hebräische Titel außerdem in Übersetzung zitiert, sofern entsprechende Monographien oder Zeitschriften auch mit einem englischen Titelblatt versehen sind. — Ferner werden im ersten Teil die im voraufgehenden *Bibliographischen Abkürzungsverzeichnis* aufgeschlüsselten Abkürzungen bei den jeweiligen Autoren angegeben.

Eine umfassende Bibliographie Kaufmanns liegt in unten zitiertem *Yehezkel Kaufmann Jubilee Volume,* 1960 (S. א-י) vor. Vereinzelte Veröffentlichungen, die dort nicht angegeben werden, sind im folgenden durch ein Zeichen (*) kenntlich gemacht.

# TEIL I

Adler-Rudel, S., *Ostjuden in Deutschland 1880-1940. Zugleich eine Ge-schichte der Organisationen, die sie betreuten*, SWALBI 1(1959)

Baron, Salo W., *The Russian Jew under Tsars and Soviets*, New York, London 1976, second edition revised and enlarged

Barth, Karl, *Nachwort, Schleiermacher-Auswahl*, Bolli, H. (Hrsg.), München, Hamburg 1968 (Siebenstern)

Bentwich, J., "Biram, Arthur", *EJ* 4(1971)1033

Bernfeld, Simon, "Aufklärung", *EJ(D)* 3(1929)667-673

Blumenfield, Samuel M., "Yehezkel Kaufmann as Educator", *Judaism* 14(1965)205-211

Böhm, Adolf, *Die Zionistische Bewegung I: Bis zum Ende des Ersten Weltkrieges*, Berlin ²1935; *II: 1918-1925*, Jerusalem 1937

Bultmann, Rudolf, "Neues Testament und Mythologie. Das Problem der Entmythologisierung der neutestamentlichen Ver-kündigung", *Offenbarung und Heilsgeschehen (Beiträge zur Evangelischen Theologie)*, Bd 7, Göttingen 1941; Nachdruck in *Kerygma und Mythos* 1(1948)15-53

Cohen, Hermann, *Die Religion der Vernunft aus den Quellen des Ju-dentums*, Leipzig 1919

Dinur (Dinaburg), Benzion, "Odessa", *EJ* 12(1971)1319-1325

Ders., *"Wissenschaft des Judentums"*, *EJ* 16(1971)570-583

Dubnow, Simon, *Weltgeschichte des jüdischen Volkes. Von seinen Ur-anfängen bis zur Gegenwart, I-X*, Berlin 1928-1929

Ders., *Mein Leben*, hrsg von Hurwicz, Elias, Berlin (Jüdische Buchvereinigung) 1937

Ehrenpreis, M., "Achad Haam", *EJ(D)* 1(1928)683-694

Eißfeldt, O., *Erstlinge und Zehnten im Alten Testament. Ein Beitrag zur Geschichte des israelitisch-jüdischen Kultus*, BWAT 22(1917)

Ders., "Die Eroberung Palästinas durch Altisrael", *WO* 2.2 (1955)158-171 [Rezension von *BACC* ]

Ders., *OLZ* 50(1955)534-535 [Kurzreferat von *BACC* ]

Ettinger, Shmuel, *Geschichte des jüdischen Volkes III. Die Neuzeit: Vom 17. Jahrhundert bis zur Gegenwart.* (Hrsg. Ben-Sasson, H.H., München 1980)

Fackenheim, E.L., *God's Presence in History: Jewish Affirmations and Philosophical Reflections,* New York 1970

Faur, José, "The Biblical Idea of Idolatry", *JQR* 69(1978-79)1-15

Glatzer, Nahum N., "The Beginnings of Modern Jewish Studies", *Studies in Nineteenth-Century Jewish Intellectual History,* edited by Altmann, Alexander, Cambridge, (Massachusetts) 1964

Goldmann, N. / Jacob, B., "Böhm, Adolf", *EJ(D)* 4(1929)917

Golomb, A., "Traditional Education", *JPPP* 102-107

Green, Emanuel, "Kaufmann, Yehezkel", *EJ* 16(1971)1349-1350

Greenberg, Louis, *The Jews in Russia. The Struggle for Emancipation,* II, New Haven 1951 (reprint: *Two Volumes in One,* New Haven, London 1965)

Greenberg, Moshe, "A New Approach to the History of the Israelite Priesthood", *JAOS* 70(1950)41-47

Ders., "Kaufmann on the Bible: An Appreciation", *Judaism* 13 (1964)77-89

Ders., "Preface to the Reissue", *BACC,* [2]1985, 9-12

Halperin, Sarah, (Heb) *Dr A. Biram and his 'Reali' School. Tradition and Experimentation in Education,* Jerusalem 1970

Haran, M., *Biblical Research in Hebrew, A Discussion of its Character and Trends,* Jerusalem 1970

Ders., "La Recherche Biblique en Hébreu. Son Caractère et ses Tendances", *ETR* 47(1972)145-159

Ders., *Temples and Temple-Service in Ancient Israel, An Inquiry into the Character of Cult Phenomena and the Historical Setting of the Priestly School,* Oxford 1978 (Reprint with altered sub-title: *An Inquiry into Biblical Cult Phenomena and the Historical Setting of the Priestly School,* new preface and corrections, Winona Lake, Indiana 1985)

Ders., "Behind the Scenes of History: Determining the Date of the Priestly Source", *JBL* 100(1981)321-333

Ders., "Midrashic and Literal Exegesis and the Critical Method in Biblical Research", *Studies in Bible, ScrHie* 31(1986) 19-48

Harrison, R.K., *Introduction to the Old Testament*, Grand Rapids 1969

Hempel, Johannes, "Altes Testament und völkische Frage", *MPTh* 27(1931)165-178

Ders., "Chronik", *ZAW* 59(1942/43)209-215

Herlihy, Patricia, *Odessa. A History, 1794-1914. (Harvard Ukrainian Research Institute Monograph Series)*, Cambridge (MA) 1986

Hess, Moses, *Rom und Jerusalem. Die letzte Nationalitätsfrage*, Leipzig 1862

Jernensky, M.E., "Kaufmann, Jecheskel", *EJ(D)* 9(1932)1100

Jonas, Hans, *Der Gottesbegriff nach Auschwitz*, Frankfurt 1987 (Suhrkamp Taschenbuch 1516); Erstveröffentlichung in Hofius, O. (Hrsg.), *Reflexionen in finsterer Zeit*, Tübingen 1984, 61-86

Kaiser, O., *Einleitung in das Alte Testament. Eine Einführung in ihre Ergebnisse und Probleme*, Gütersloh ⁵1984

Katz, Simha, "Guenzburg", *EJ* 7(1971) 960-963

Kaufmann, Jesekiel, *Eine Abhandlung über den zureichenden Grund, 1.Teil: Der logische Grund*, Berlin 1920 (gedruckt von Emil Ebering, Mittelstr 29)

*Ders., "Unsere 'Friedensstifter'", *Juedische Rundschau* 19 (12.5.1916)151-152

*Ders., "Die hebräische Sprache und unsere nationale Zukunft", *Der Jude* 1(1916/17)407-418

Ders., "Das τριτος ανθρωπος-Argument gegen die Eidos-Lehre", *Kant Studien* 25(1920)214-219

Ders., "Abdi Chiba", *EJ(D)* 1(1928)200-201

Ders., "Abraham-Apokalypse", *EJ(D)* 1(1928)548-553

Ders., "Abrahams Testament", *EJ(D)* 1(1928) 561-565

Ders., "Abu Aflach", *EJ(D)* 1(1928)614-615

*Ders., "Adambuch", *EJ(D)* 1(1928)788-792

Ders., "Adel (im Altertum)", *EJ(D)* 1(1928)814-821

Ders., "Alcorsono, Jehuda B. Josef", *EJ(D)* 2(1928)162

Ders., "Allegorie", *EJ(D)* 2(1928)335-338

*Ders., "Anat", *EJ(D)* 2(1928)770-771

| *Ders., | "Antichrist", *EJ(D)* 2(1928)906-910 |
| Ders., | "Antinomismus", *EJ(D)* 2(1928)917-922 |
| Ders., | "Apokalypse Johannis", *EJ(D)* 2(1928)1136-1142 |
| Ders., | "Apokalyptik", *EJ(D)* 2(1928)1142-1154 |
| Ders., | "Apokryphen", *EJ(D)* 2(1928)1161-1172 |
| Ders., | "Elischa", *EJ(D)* 6(1930)525-526 |

Ders., "Probleme der israelitisch-jüdischen Religionsgeschichte, Teil I", *ZAW* 48(1930)23-43; "Teil II", 51(1933) 35-47

Ders., *Die Nationale Bewegung in dieser Stunde,* Jerusalem 1938 [aus dem Hebräischen übersetzt]

Kaufmann, Yehezkel, *BACC*

Ders., *BHZ*

Ders., *KCJ*

Ders., *KGN*

Ders., *KHRI*

Ders., *KIM*

Ders., *KRI*

Ders., *TEI*

Ders., *Connaitre la Bible,* traduit par Touboul, L. et Duvernoy, C., Paris 1970. [Diese Publikation ist bis auf wenige Kürzungen mit *KRI* identisch, *qualitativ* jedoch nicht gleichwertig.]

Ders., "Anti-Semitic Stereotypes in Zionism. The Nationalist Rejection of Diaspora Jewry", *Commentary* 7(1949)239-245. [Eine gekürzte Übersetzung eines 1933 erstmals veröffentlichten Beitrages, der später auch in *BHZ* 257-274 abgedruckt wurde.]

Ders., (Heb) "On the Personality of Rav Tzair", *Bitzaron* 20 (1949)155-157 — [English abstract: 234; "letter of condolence" (Heb), 223]

Ders., "The Bible and Mythological Polytheism", *JBL* 70(1951) 179-197

Ders., "Der Kalender und das Alter des Priesterkodex", *VT* 4 (1954)307-313

Ders., (heb) "Die Religion Israels", *EB(B)* 2(1954)724-772

Ders., "The Biblical Age", *Great Ages and Ideas of the Jewish People,* Ed. Leo W. Schwarz, New York 1956, 3-92

*Ders., "Traditions Concerning Early Israelite History in Canaan", *ScrHie* 8(1961)303-334

*Ders., *Universal Peace in Isaiah's Prophecy. Excerpts from the Writings of Yehezkel Kaufmann,* edited and with a foreword by Haran, M., Jerusalem 1966

*Yehezkel Kaufmann Jubilee Volume. Studies in Bible and Jewish Religion Dedicated to Yehezkel Kaufmann on the Occasion of his Seventieth Birthday,* edited by Haran, M., Jerusalem 1960

Krapf, T., "*Exil und Fremde.* Ein Gedankenaustausch zwischen Jesekiel Kaufmann und Adolf Böhm", *Bulletin des Leo Baeck Institutes* 87(1990)

Kraus, H.-J., *Geschichte der historisch-kritischen Erforschung des AT,* Neukirchen [3]1982

Levenson, Jon D., *Sinai and Zion. An Entry into the Jewish Bible,* Minneapolis, Chicago, New York 1985

Ders., "Yehezkel Kaufmann and Mythology", *C Jud* 36/2(1982) 36-43

Liebeschütz, H., *Das Judentum im deutschen Geschichtsbild von Hegel bis Max Weber, SWALBI* 17(1967)

Markon, I., "Baron David Günzburg", *EJ(D)* 7(1931)726-727

Mikliszanski, J.K., "Tchernowitz, Chaim", *EJ* 15(1971)883-884

Moriel, Y., "Education in the Talmud", *EJ* 6(1971)398-403

Perlitt, L., *Vatke und Wellhausen, BZAW* 94(1965)

v.Rad, G., *Theologie des AT,* I, München [4]1962

Rendtorff, R., "Die jüdische Bibel und ihre antijüdische Auslegung", Rendtorff, R./Stegemann, E. (Hrsg), *Auschwitz — Krise der christlichen Theologie,* München 1980, 99-116

Schmid, Hans.H., "Auf der Suche nach neuen Perspektiven für die Pentateuchforschung", *VT.S* 32(1981)375-394 *Congress Volume Vienna 1980*

Scholem, Gershom, *Von Berlin nach Jerusalem,* Frankfurt/M 1977

Schwadron, Abraham, "Meine Autographen— und Porträtsammlung", *Juedische Rundschau,* 3.1.1928

Schweid, Eliezer, "Ahad Ha-Am", *EJ* 2(1971)440-448

Shazar, Z., "Baron David Günzberg (sic) and his Academy", *The Seventy-Fifth Anniversary Volume of the Jewish Quarterly*

*Review,* edited by Neuman, A., and Zeitlin, S., Philadelphia 1967, 1-17

Shochat, A., "Haskalah", *EJ* 7(1971)1433-1445

Silberman, Lou H., "Wellhausen and Judaism", *Semeia* 25(1982)75-82

Silberstein, Laurence Jay, *History and Ideology. The Writing of Yehezkel Kaufmann,* Waltham 1971 (Thesis: Brandeis University 1971)

Ders., "Religion, Ethnicity and Jewish History: The Contribution of Y. Kaufmann", *JAAR* 42(1974)516-531.

Ders., "Exile and Alienhood: Yehezkel Kaufmann on the Jewish Nation", S.239-256 in *Texts and Responses, Studies Presented to Nahum N. Glatzer* edited by Fishbane, M. A., and Flohr, P.R., Leiden 1975

Slutsky, Y., "Haskalah in Russia", *EJ* 7(1971)1445-1451

Ders., "Leningrad", *EJ* 11(1971)14-17

Ders., "Numerus Clausus in Czarist Russia", *EJ* 12(1971)1264-1265

Ders., "Pale of Settlement", *EJ* 13(1971)24-28

Slyomovics, Peter, (Heb) *Yitzhak Julius Guttmann and Yehezkel Kaufmann. The Relationship of Thought and Research* (PhD Thesis, Hebrew University Jerusalem), December 1980

Ders., (Heb) "Y. Kaufmann's Critique of J.Wellhausen: A Philosophical-Historical Persepective", *Zion* 49(1984)61-92

Smend, R., *Deutsche Alttestamentler in drei Jahrhunderten,* Göttingen 1989

Ders., "Wellhausen in Greifswald", *ZThK* 78(1981)141-176

Ders., "Die älteren Herausgeber der ZAW", *ZAW* 100(1988), *Supplement,* 2-21

Spizman, L., "The Hebrew School Movement. Education in Hebrew before World War I.", *JPPP* 119-122

Strack, H.L. / Stemberger, G., *Einleitung in Talmud und Midrasch,* 7., völlig neu bearbeitete Aufl., München 1982

Talmon, S., "Yehezkel Kaufmann's Approach to Biblical Research", *C Jud* 25/2(1971)20-28

Tchernowitz, Chaim, (Heb) *Autobiography,* New York 1954

Thompson, R.J., *Moses and the Law in a Century of Criticism since Graf, VT.S* 19(1970)

Tscherikower, E., "Aufklärung., III. Osteuropa", *EJ(D)* 3(1929)673-679

Uffenheimer, B., "Yehezkel Kaufmann: Historian and Philosopher of Biblical Monotheism", *Immanuel* 3(1973/74)9-21

Wellhausen, J., *Prolegomena zur Geschichte Israels,* [6]Berlin 1905 (=1919)

Ders., *Israelitische und jüdische Geschichte,* 1907 (=Berlin [9]1958)

Weinfeld, M., *Getting at the Roots of Wellhausen's Understanding of the Law of Israel. On the 100th Anniversary of the Prolegomena,* The Institute for Advanced Studies. The Hebrew University of Jerusalem, Report No 14/79, Jerusalem 1979

Zipperstein, S.J., *The Jewish Community of Odessa from 1794-1871: Social Characteristics and Cultural Development,* Dissertation, University of California, Los Angeles 1980

# TEIL II

BIALIK        ביאליק, ח.נ., *אגרות*, כרך ה', תל אביב
           תרצ"ט (1938-39=)

GLATZER       גלאצר, נחום, "יחזקאל קויפמן", *בצרון* מ"ט
           (תשכ"ד=1964)1-5

DINUR, Kaufmann    דינור, ב., "יחודו של יחזקאל קויפמן", *מולד* כ"ב
           (תשכ"ה=1964)344-345

           הלפרין, שרה, *ד"ר א. בירם וביה"ס הראלי. דרכים חדשות ומסלול קבוע*, ירושלים תש"ל (1970=)

HARAN, Grenze     הרן, מנחם, "על גבול האמונה", *מאזנים*
           כ"ד(תשכ"ז=1966-67)52-55

WISSLAWSKY    ויסלבסקי, צבי, *יחידים ברשות הרבים. סדרת-מסות על אישים ודעות בדור*, ירושלים, תשט"ז(1956=)

WEINFELD, Kaufmann   וינפלד, משה, "משנתו המקראית של יחזקאל קויפמן",
           כ"א(תשכ"ג=1963)432-437

           טשרנוביץ, חיים, *פרקי חיים, אוטוביוגרפיה*, ניו-יורק, תשי"ד (1954=)

KAUFMANN, Josua    קויפמן, יחזקאל, *ספר יהושע מבואר עם מבוא ליהושע ושופטים א-ג*, ירושלים, תשי"ט (1959=)

KAUFMANN, Richter    —    *ספר שופטים מבואר*, ירושלים תשכ"ב (1962=)

KAUFMANN, Großstadt   קויפמאן, יחזקאל, "צללי-כרך", *העולם* ג/מ"א(עמ' 7-8), ג./מ"ב(עמ' 9-11), תרס"ט-תר"ע(1909=)

KAUFMANN      —    " 'יהדותו' של אחד-העם", *השלוח*
(Ahad Ha-Ams Judentum)      ל(תרע"ד=1913-14)249-271

KAUFMANN      —    "הנבואה הספרותית", *העתיד*
(Schriftprophetie)      ו(תרפ"ו=1925-26)45-62

KAUFMANN      —    "עיקרי דעותיו של אחד-העם", *התקופה*
(Ahad Ha-Am, Grundzüge)      כ"ד(תרפ"ח=1927-28)421-439

           קויפמן, יחזקאל, "אדמה במקרא", *אשכול, אנציקלופדיה ישראלית,* כרך א(ברלין, ירושלים, תר"ט=1929)684

           —    "אבו אפלח הסרקסטי", *אשכול, אנציקלופדיה ישראלית*, א (תר"ט=1929)70-71

KAUFMANN      —    "המהפכה האנטישמית בגרמניה", *מאזנים*
(Antisem.Revolution)      א(תשרי תרצ"ד=1933)1-18 *

---

\* Nachgedruckt in *BHZ* 231-256.

קויפמן, יחזקאל, "דת ישראל", *האנציקלופדיה המקראית*,
כרך ב(ירושלים, תשי"ד = 1954)724-772

KAUFMANN
(Levitenstädte)
— "ערי הלויים", *העבר* ו(תשי"ח
1958=)121-127

— "לדמותו של רב צעיר", *בצרון* כ(תשי"ט
1959=)155-157. — [234 :Engl abstract]
[223 :(Heb) "letter of condolence"]

KAUFMANN
(Wisslavsky)
— "לדרך ההגות של צבי ויסלבסקי",
*עטרת צבי ויסלבסקי, על ד"ר צבי ויסלבסקי,
האיש והגותו*, ערך מ.מ. בובר ואחרים, ירושלים,
תשכ"ב (1962=)1-9

KRESSEL
קרסל, ג.,, *לכסיקון הספרות העברית בדורות האחרונים*,
כרך ב, ירושלים, תשכ"ז (1967=)

REINER
ריינר, אלחנן, "קויפמן, יחזקאל", *האנציקלופדיה
העברית*, כ"ט(ירושלים, תל אביב,
תשל"ז=77/1976)251-249

SHAZAR
שזר, זלמן, "יחזקאל קויפמן ופועלו", (דברי אזכרה
שנאמרו ע"י נשיא ישראל בתברה לחקר
המקרא), *הדואר*, מ"ג, ניו-יורק, י"ג כסליו,
תשכ"ד (29-11-1963=)59-61

שלומוביץ, פיטר,    *יצחק יוליוס גוטצן ויחזקאל קויפמן,
מחשבה ומחקר והקשר ביניהם* (הוגש לשם קבלת
תואר "דוקטור לפילוסופיה" לסינט האוניברסיטה
העברית בירושלים, טבת תשמ"א=1980)

— "ביקורתו של קויפמן על ולהאוזן: היבט
פילוסופי-היסטורי", *ציון* מ"ט(תשמ"ד=84/1983)61-92

# REGISTER

Fett gedruckte Zahlen verweisen auf den Haupttext einschließlich des zugehörigen Anmerkungsapparates, mager gedruckte ausschließlich auf Fußnoten.

## Namenregister

*In der Reihe „Studien zu Kirche und Israel" erscheint als
Band 12 im 4. Quartal 1990*

## ULRICH KUSCHE

## DIE UNTERLEGENE RELIGION

### Das Judentum im Urteil deutscher Alttestamentler
### Zur Kritik theologischer Geschichtsschreibung

Institut Kirche und Judentum Berlin
ca. 220 Seiten

In seiner forschungsgeschichtlich und ideologiekritisch orientierten Monographie untersucht Ulrich Kusche das wissenschaftliche Werk von 13 teils bekannten, teils weniger beachteten deutschen Alttestamentlern aus der Zeit von 1850-1950 auf das von ihnen dargebotene Bild des antiken Judentums hin. Seine detaillierten Analysen verbinden eine methodologisch differenzierte, einfühlsame Präsentation der jeweiligen Gesamtsicht der israelitisch-jüdischen Geschichte mit einer präzisen Einzeichnung der untersuchten Veröffentlichungen in den biographischen und zeitgenössischen Kontext der einzelnen Autoren. Indem der Verfasser die Bedeutung des jeweiligen Verständnisses des Christentums (und auch des zeitgenössischen Judentums) für die untersuchten Darstellungen und Wertungen des antiken Judentums erarbeitet, gelingt es ihm zu zeigen, in welchem Maße die gefällten Urteile weniger historisch begründet sind, als vielmehr vorgängigen theologischen Wertsetzungen folgen. Am Beispiel zweier so unterschiedlicher Alttestamentler wie Eduard König und Hugo Greßmann veranschaulicht er die versäumten Möglichkeiten einer unvoreingenommenen Betrachtung des Judentums. In der Auswertung seiner Untersuchung zieht der Verfasser Folgerungen für eine verantwortbare interreligiöse Erforschung des Judentums und entwirft überraschende Umrisse einer von Absolutheitsansprüchen freien Gestalt Biblischer Theologie.

*Bestellungen werden erbeten über den Buchhandel oder direkt an:
Institut Kirche und Judentum, Leuchtenburgstr. 39-41, 1000 Berlin 37
Tel.: (030) 816 005 75 (9-12h); Fax: (030) 816 005 70*

*Außer der Reihe „Studien zu Kirche und Israel" erscheinen im Institut Kirche und Judentum:*

— Die *Veröffentlichungen aus dem Institut Kirche und Judentum.* Sie umschließen Publikationen aus dem Grenzbereich zwischen Wissenschaft und Praxis und suchen schwerpunktmäßig Arbeitsprozesse und Erkenntnisse wissenschaftlicher Arbeit an einen größeren Leserkreis zu vermitteln.

— Die Reihe *Das Judentum.* Sie enthält dem Untertitel entsprechend *Abhandlungen und Entwürfe für Studium und Unterricht* und sucht an dem Auftrag teilzunehmen, Voraussetzungen für einen verwandelten Unterricht über das jüdische Volk in den verschiedenen schulischen und kirchlichen Bildungs- und Ausbildungseinrichtungen zu schaffen.

— Die Reihe *Arbeiten zur neutestamentlichen Theologie und Zeitgeschichte.* Sie nimmt die christlich-jüdische Thematik im Rahmen einer einzelnen Disziplin auf und zielt auf ein hermeneutisches Verhältnis zum Neuen Testament und zum antiken Judentum, innerhalb dessen der Exeget oder Historiker beiden mit einem vergleichbar intensiven, sensiblen Verstehen begegnet.

Gemeinsam ist allen vier Reihen ihr Charakter als Beiträge zu der unabweislich notwendigen Erneuerung des christlich-jüdischen Verhältnisses sowie ihre freundliche Preisgestaltung.

Ein ausführlicher Prospekt wird auf Anfrage hin gerne übersandt.

*Bestellungen werden erbeten über den Buchhandel oder direkt an: Institut Kirche und Judentum, Leuchtenburgstr. 39-41, 1000 Berlin 37 Tel.: (030) 816 005 75 (9-12h); Fax: (030) 816 005 70*